마케팅
해부실험

마케팅 해부실험

본질의 본질을 발견하는 6가지 소비원소

황성욱 지음

휴먼큐브

미켈란젤로가
마케팅을 한다면?

14살에 인체 해부실험에 참관하고, 18살에는 공동묘지에서 시체를 몰래 훔쳐 와 밤새 해부실험을 했던 한 남자가 있습니다. 해부해보지 않은 인체와 동물 사체가 없을 정도로 평생 해부에 집착했던 해부광. 이쯤 되면 스릴러물에 등장하는 섬뜩한 범죄자가 떠오를 수도 있겠죠. 그런데 이 남자는 바로 다비드상으로 유명한 천재 조각가 '미켈란젤로'입니다. 차가운 돌을 깎아서 만들었다고는 도저히 믿기 어려울 정도로 실제 인간의 몸을 섬세하게 표현해놓은 그의 작품들은 오늘날까지 살아 숨 쉬는 생명력을 가지고 있습니다.

신도 아닌 인간이, 어떻게 돌에 그러한 생명력을 불어넣을 수 있었을까요? 이것이 바로 미켈란젤로가 인체 해부에 그토록 집착했던 이유입니다. 눈에 보이지 않는, 피부 아래 숨겨진 뼈와 근육과 인대를 정확히 이해하는 것만이 눈에 보이는 인간의 몸을 세밀하게 표현해낼 수 있는 최선의 방법이라는 굳은 신념이 그에게 있었던 거죠.

어느 날, 제가 엉뚱한 상상을 한번 해본 적이 있습니다.
'미켈란젤로가 환생해서 창업을 하거나, 기업의 기획자나 마케터가 되면 참 좋겠다!'
소비자들의 마음을 사로잡기 위해 우리에게 가장 필요한 것은 방대한 빅데이터를 주무르는 최신 IT 기법도, 눈에 확 띄는 멋들어진 기획서를 써내는 능력도 아닐 것입니다. 미켈란젤로가 해부 실험을 통해 인체를 탐구했듯이, 우리도 소비자들의 마음속에 숨겨진 뼈와 근육과 인대를 들여다보는 노력을 해야 합니다.

여기까지는 누구나 공감할 것입니다. 뼈와 근육과 인대, 즉 '본질'이 중요하다는 이야기는 이미 지겨울 정도로 많은 사람들이 해왔으니까요. 그런데 이 '본질'이라는 것을 도대체 어떻게 찾아야 할까요? 그것을 찾아서 어디까지 파헤쳐 들어가야 할까요? 일주일 안에 답을 도출해야 하는 소규모 프로젝트에서 찾아내는 본질과, 기업의 신사업 개발과 같은 큼직한 고민의 본질이 과연 같을까요?

이 책에서는 이러한 물음에 대한 답을 찾아보려 합니다. 한두 마디로 명쾌하게 정의할 수 있는 답들을 찾아보려고 합니다. 이를 위해서 철학, 동식물학, 인지과학 등에서 서로 표현하는 용어는 다르지만 공통적으로 이야기하는 조각들을 맞춰보며, 본질로 통하는 길을 찾는 구체적인 방법을 소개하려 합니다.

그전에 미리 밝혀둘 사실 한 가지! 이 책에서 소개하는 방법들이 완벽한 정답은 아닐 수 있습니다. 다만, 그동안 소비자 그리고 시장과 관련된 본질에 대해 꽤 오래 고민했던 한 사람이 숱한 시행착오와 연구 끝에 찾은 한 가지 생각의 방법이라고 이해해주시면 되겠습니다.

그런 의미에서 이 책은 여러 분야에서 이미 마련해놓은 예리한 메스로 '소비'라는 문제를 최소단위까지 해부해보는 '해부실험'이라고 할 수 있습니다. 실험 결과, 소비라는 활동을 이해할 수 있는 6개의 작은 원소들을 발견하게 되었습니다. 이 6가지 소비의 원소가 의미하는 것은 무엇일까요? 그리고 여러분을 보다 더 나은 창업자, 기획자, 마케터로 만드는 데 어떤 구체적인 도움이 될까요? 지금부터 메스를 잡고 '열어'보도록 하겠습니다.

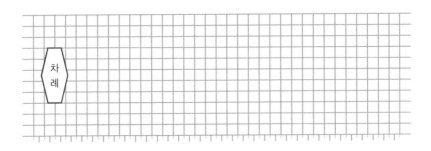

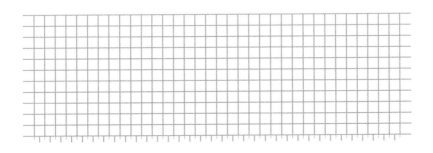

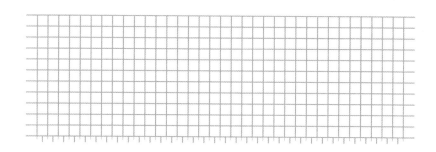

6가지 소비원소

소비자 가치 구조 만들기

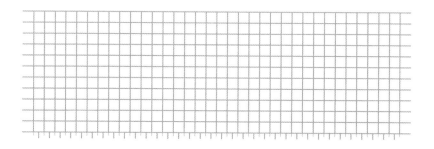

본질의 본질을
찾아서

1
우리는 왜
본질을
보지 못할까?

    우리가 본질을 보는 문제에 대해 이렇게 고민하는 이유는 이 본질이라는 것이 누구나 볼 수 있는 게 아니기 때문입니다. 얼핏 생각하면 관련 지식이나 경험이 많을수록 본질을 더 잘 볼 수 있을 것 같지만, 실제로는 정반대인 경우가 더 많습니다. "내가 이 바닥 경험이 20년이야, 20년!" 하며 자신 있게 외치는 분일수록, 관련 분야에 대한 전문지식이 풍부한 분일수록 아이러니하게도 본질을 보는 눈이 흐린 경우를 많이도 보았습니다.

    과감하게 운을 뗐으니, "훌륭한 주장은 훌륭한 증명이 수반되어야 한다"는 천재 천문학자 칼 세이건Carl Sagan의 말처럼 그럴듯한 근거를 제시해야겠죠?

인간의 모든 생각과 행동은 뇌가 만들어내는 인지활동의 결과물입니다. 따라서 우리 뇌에 대한 몇 가지 사실을 살펴보면 본질을 보는 것이 왜 이렇게 어려운지 이해하게 됩니다.

인지적 구두쇠Cognitive Miser: 직관이 내놓는 '편한' 결론 ———

본질을 꿰뚫어 보는 문제와 관련하여 가장 먼저 살펴볼 내용은 우리 뇌의 '인지적 구두쇠' 경향입니다. 이 개념은 쉽게 말해, '우리의 뇌는 정보를 처리하는 데 가급적 적은 에너지를 쓰려는 특성이 있다'는 것입니다. 말 그대로 뇌가 '구두쇠 짓'을 하는 셈인데요, 인지심리학자들이나 인지과학자들이 인간의 본능적 특성을 이야기할 때 가장 자주 언급할 정도로 중요한 개념입니다.

왜 그럴까요? 인간의 뇌도 심장이나 콩팥과 마찬가지로 신체기관 중 하나입니다. 그리고 모든 생명체의 기관은 최소한의 에너지로도 제 기능을 하도록 효율성을 추구하는 방향으로 만들어져 있다고 밝혀졌습니다. 게다가 뇌는 우리 몸에서 가장 많은 에너지를 사용하는 기관이기에 이런 성향이 더욱 강하다고 합니다.

그 결과, 어떤 현상을 바라볼 때 우리의 뇌는 에너지 효율을 높이기 위해, 기존에 알고 있는 사실과 정보에 연관 지어 그 현상을 '신속하게' 처리해버립니다. 새로운 관점으로 문제를 탐색하는 것은 에너지가 많이 드는 일이니까요. 그리고 이런 작용은 이미 뇌에 저장되어 있는 관련 정보(경험 혹은 지식)가 많을수록 더욱 빠르게 일어납니다. 이것이 흔히 말하는 직관의 정체이고, 이 직관 때문에 경험이 많을수록, 지식이 많을수록 오히려 숨겨진 진짜 본질을 차분하게 살펴보기가 어려워지는 셈입니다.

그런데 애초에 왜 이런 경향이 생기게 된 것일까요? 인간의 뇌에 대해 조금만 살펴보면 그 답을 알 수 있습니다. 뇌과학자들의 연구에 따르면 인간의 뇌는 기능에 따라 다음의 세 부분으로 나눌 수 있습니다.

① 간뇌diencephalon: 본능을 담당
② 변연계limbic system: 감정을 담당
③ 대뇌피질cerebral cortex: 언어, 연산, 논리를 담당

대뇌와 중뇌 사이에 있어 '사이뇌'라고도 불리는 간뇌는 가장 원시적인 뇌입니다. 가장 진화가 덜 된 파충류의 뇌가 바로 이 간뇌만으로 구성되어 있는데요, 악어가 원시동물의 대표를 맡아준

덕에(?) 간뇌를 쉽게 '악어의 뇌'라고 부르기도 합니다. 이 '악어의 뇌'는 본능과 관계된 정보만을 처리할 수 있습니다. 가장 원시적인 동물의 뇌가 왜 하필 '본능'이라는 정보만을 처리하는 것일까요?

여기서 우리는 '본능'이 왜 존재하는지 그 이유를 알 수 있습니다. 본능은 생명체가 죽지 않고 계속해서 살아갈 수 있도록 돕는 가장 중요한 장치입니다. 만약 정글에서 도저히 싸워 이길 수 없는 위험한 맹수와 맞닥뜨리게 되었다면, 이때 살아남을 수 있는 가장 현실적인 방법은 무엇일까요? 그 위험한 상황을 빠져나가는 것입니다. 이 결론을 내리기까지 시간이 오래 걸려 도망갈 때를 놓쳐버린다면 정말 낭패겠죠? 이때 '도망가야 한다'는 의사결정을 빠르게 내리는 '직관'이 바로 이 간뇌가 처리하는 본능의 존재 이유입니다. 모든 생명체가 계속 살아가도록 돕는 고마운 도구인 셈입니다.

자, 그런데 우리는 앞서처럼 생명의 위협을 느끼는 순간에 공포심을 느낍니다. 이 감정은 어떻게 생겨난 것일까요? 그것은 본능이 이끄는 생존에 대한 결정에 우리 몸이 최대한 빨리 가장 적절한 준비 상태가 되도록 돕는 '촉매제'로 설명할 수 있습니다. 도망가야 하는 절체절명의 순간에는 머릿속이 하얗게 되고 심장이 빨리 뛰기 시작합니다. 아무 생각 없이 도망치기에 가장 좋은 몸 상태를 만들어주는 것이지요. 본능을 돕는 이러한 촉매제인 감정을 주관하는 뇌가 바로 '변연계'입니다. 이는 포유류 이상의 동물에서만 발견되는 뇌이기에 보통 이 변연계를 '포유류의 뇌'라고 부르기도 합니다.

마지막으로 우리에게 가장 중요한 메시지를 주는 뇌가 바로 '대뇌피질'입니다. 언어, 연산, 분석과 같은 논리적이고 구조적인 사고를 담당하는 대뇌피질은 인간만이 가지고 있는 특별한 뇌입니다. 이 뇌 덕분에 자그만 몸집의 인간이 모든 먹이사슬의 가장 높은 곳에 올라서게 되었다고 할 수 있죠.

이 3개의 뇌가 정보를 처리하는 데는 정해진 순서가 있습니다. 바로 간뇌 → 변연계 → 대뇌피질 순입니다. 즉, 인간이 무언가 생각을 할 때, '본능 → 감정 → 논리' 순으로 정보가 처리된다는 점이 중요합니다.

이 순서로 말미암아 본질과 관련된 모든 문제가 생겨납니다. 본질은 분석적이고 객관적으로 접근해야 하는데. 본능에 기초하여 내가 알고 있는 정보와 경험에 끼워 맞추어 생각할 수밖에 없도록 우리 인간은 애초에 설계되어

있는 것입니다.

그렇다면 우리의 이성은 도대체 어떤 역할을 하는 것일까요? 이것은 '후합리화Post Rationalization'라는 개념으로 설명할 수 있습니다. 우리의 이성과 논리는 본능이 만들어놓은 결정에 대해 스스로 납득할 수 있는 그럴듯한 이유를 '지어내는' 역할을 합니다.

그래서 제가 기업의 실무자 분들에게 가장 자주 드리는 조언이 "소비자의 입에서 나오는 말을 있는 그대로 믿지는 말라"는 것입니다. 그 말들은 대부분 진짜 이유가 아니라 대뇌피질이 그럴듯하게 지어낸 이유이기 때문입니다. 따라서 숨은 속뜻을 곱씹어 보는 과정이 꼭 필요하고, '담화 분석Discourse Analysis'이라는 특별한 방법을 통해 그 과정을 수행할 수 있습니다.

보통 마케팅에서 소비자 가치를 논할 때 '기능적 가치'와 '정서적 가치'에 대해 설명합니다. '니즈Needs'와 '원츠Wants'로 구분하여 접근하기도 합니다. 이러한 구분법이 과연 현실적으로 타당할까요? 소비자가 구매 이유를 논리적으로 기능에 맞추어 설명한다고 한들 이것이 진짜 선택의 이유일까요? 진지하게 다시 생각해 볼 필요가 있습니다.

이처럼 우리는 애초에 논리적이고 분석적 방식으로 본질을 볼 수 없도록 타고났습니다. 그저 눈에 보이는 대로 끼워 맞추는 본능의 동물이기 때문입니다. 그렇기에 **눈에 보이는 다양한 현상 속에 숨겨진 본질을 차근히 살펴볼 수 있는 구체적인 방법이 필요하다는 점.** 여러분도 이제 공감하시리라 믿습니다.

2
어떻게
본질에 다가갈 수
있을까?

'본질'이라는 거창한 단어를 들먹이지 않더라도 무언가를 분석하는 일은 누구나 한 번쯤은 해보았을 법한 흔한 일입니다. 기업의 분석에는 조금 더 특별하고 구체적인 방법이 있을 뿐, 어떤 일의 원인을 고민해본다는 점은 모두 같습니다.

여기서 한 가지 불편한 진실을 지적하자면, 기업 담당자들이 나름 고민하여 열심히 분석해온 결과들이 대부분은 '분석'이라기보다는 여러 다양한 현상과 사실들의 단순 요약, 즉 '서머리Summary'에 가까운 경우가 더 많다는 점입니다.

소비자 트렌드를 발견하기 위해 며칠 동안 소위 '핫한' 장소들을 다녀왔을 때는 요즘 유행하는 패션, 유행하는 음식, 유행하는 행동 등을 카테고리별로 요약해놓은 경우가 많고, 시제품에 대한 소비자의 사용성 테스트UT를 했을 때도 대부분은 소비자의 반응을 정보 카테고리별로 정리하여 분석 결과라며 내놓는 경우를 허다하게 보았습니다.

누군가가 고민하여 내놓은 결과를 이렇게 혹평하는 마음이 편치는 않지만, '분석'과 '서머리'에는 너무나 큰 차이가 있습니다. 일단 생김새부터 전혀 다릅니다. 분석이라 보기 어려운, 단순 나열된 정보들을 도식화해보면 다음과 같은 모양을 하고 있습니다.

분석 결과처럼 '보이기만' 하는 것들은:

위의 그림에서 가장 눈에 띄는 특징은 정보들이 높낮이 차이 없이 나란하게만 나열되어 있다는 점입니다. 그렇기에 이러한 구

조의 정보에서 우리가 새롭게 발견할 수 있는 내용은 딱히 없어 보입니다. 그렇다면 분석이라 부를 수 있을 정도로 가공된 정보들은 어떠한 모양을 하고 있을까요? 바로 다음과 같은 모습입니다.

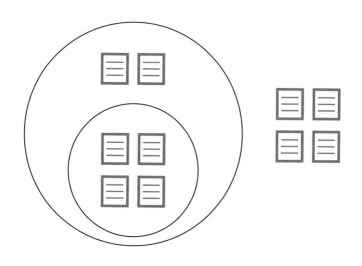

둘 사이의 차이점을 발견하셨나요? 분석된 정보의 경우, 앞서 살펴본 그림과 다르게 '일정한 구조'를 이루고 있다는 점을 알 수 있습니다. '상관관계' 혹은 '인과관계'라고 부르는 정보와 정보 사이의 관계가 다른 높이로 연결 혹은 분리되어 있는 것이 구조화된 정보, 즉 분석된 정보의 가장 두드러진 특징입니다.

방금 소개한 방법은 '어피니티 다이어그램Affinity Diagram'이라는 분석기법입니다. 이 전문적인 방법을 자세하게 배울 필요는 없지만, 분석이라는 작업을 할 때에는 최소한 사실과 사실 사이의 보이지 않는 관계 혹은 구조 정도는 밝혀낼 수 있어야 한다는 점은 꼭 기억할 필요가 있습니다. 단순한 사실의 나열은 분석이 아니라는 것이지요.

형식이 아닌 속성에 주목하기 ———

그렇다면 이런 전문적인 분석기법을 쓰지 않고도 본질에 조금 더 가까이 다가가는 방법은 없을까요?『빠빠라기』라는 책과 '투이아비 추장'에게서 그 방법을 배울 수 있습니다.

『빠빠라기Der Papalagi』는 남태평양 어느 섬의 추장인 투이아비Tuiavii가 유럽의 문명세계를 둘러본 후 자신의 부족민들에게 들려주는 11개의 연설문을 엮은 책으로, '빠빠라기'라는 말은 사모아어로 '문명인'을 뜻합니다. 본질을 발견하는 방법을 이야기하는 마당에 1920년에 첫 출간된 이 작품을 소개하는 이유는, 원시부족의 낯선 시각으로 바라보는 '빠빠라기'의 삶에 대한 해석이 우리 빠빠라기들에게 전혀 다른 생각의 관점을 제공하기 때문입니다(이 작품의 백미가 바로 이 해석입니다).

이들의 눈에 빠빠라기가 숭배하는 '둥근 쇠붙이와 묵직한 종이'는 악마입니다. '돈이 모든 악의 근원'이라는 의미가 숨어 있지요. 당시 이 책이 큰 반향을 일으켰던 것은 바로 우리 스스로도 깨닫지 못하고 있던 우리 삶 속의 다양한 문제점들을 돌아보게 했기 때문입니다.

다시 우리의 이야기로 돌아와보면, 우리가 본질을 발견하기 어려운 이유는 '속성'에 주목하기보다 이미 만들어진 '형식'에 주로 시선을 두기 때문입니다. '자동차'라는 익숙한 형식의 언어를 쓰니 '비싸게 구입하여 오랜 시간 세워놓는 탈것'이라는 속성이 보이지 않는 것입니다. 이 속성을 바라보는 순간, '오랜 시간 세워놓을 자동차를 소유하는 것이 과연 맞는가?'라는 공유경제 자동차 서비스 아이디어의 출발점이 마련되는데도 말이지요.

이렇듯 이미 만들어진 '형식'의 가장 대표적인 예가 '업계용어' 혹은 '전문용어'입니다. 용어 자체는 전혀 문제될 것이 없습니다. 그러나 이 익숙한 단어로 현상을 바라보다 보면, 자연스럽게 이 용어가 만들어놓은 프레임, 즉 틀 속에 시야를 가두고 현상 속에 숨겨진 중요한 관계나 패턴을 놓치게 되는 문제가 생긴다는 것이 '진짜 문제'입니다.

그렇다면 '형식'이 아니라 '속성' 그 자체에 눈을 뜨는 방법은 무엇일까요? 투이아비 추장에게 특정 대상을 설명해보는 것입니다(저는 이 방법을 책 제목을 빌려 '빠빠라깅Papalaging'이라 부르고 있습니다). 다소 황당하게 들릴지 모르지만, '전문용어를 쓰지 않고 특정 대상을 설명'하는 이 방법을 저는 꽤 요긴하게 활용하고 있습니다. 우리의 제한된 관점을 털어내고 속성 그 자체를 있는 그대로 바라보게 만들어주기 때문입니다.

예전에 한 신용카드 회사의 신사업개발 TFT 담당자들과 워크숍을 하며 이 '빠빠라깅' 토론을 해본 적이 있습니다. 담당자들이 현상을 전혀 다른 관점으로 바라보지 못하기에 프로젝트에 진전이 없다고 판단했기 때문이죠. 익숙한 전문용어를 완벽하게 내려놓고, 고민하고 있는 현업의 문제에 관한 속성을 풀어 이야기하다 보니, 이런 이슈가 도출이 되었습니다.

"신용카드 회사들은 저소득 계층에게서 돈을 벌어 고소득 계층에 혜택을 주는 일을 하고 있네?"

'우량고객', '비우량고객'이라는 업계용어 뒤에 가려진, 소득이 높아 카드 사용액이 많은 고객은 더욱 많은 혜택을 받고, 상대적으로 소득이 낮아 사용액이 적거나 연체하는 고객은 불이익을 받는 이 당연한(?) 업계의 논리. 하지만 이 당연한 논리 속에 숨겨진, 한 번쯤 고민해볼 필요가 있는 업의 본질적 모순이 빠빠라킹을 통해 발견되었습니다.

이때를 생각하면 유독 기억에 남는 에피소드가 있습니다. 신용카드업에만 15년 넘게 종사했던 어떤 분이 이런 사실을 생각조차 못해봤다며, 그동안 본의 아니게 못된 짓(?) 하고 산 것 같다고 적잖이 씁쓸해했던 일입니다. 그렇지만 이 문제를 출발점으로 색다른 개념의 신용카드 서비스에 대한 새로운 아이디어를 고민해볼 수 있었습니다.

정리하자면, 우리 인간은 애초에 본질을 보기 어렵다는 점을 인정해야 하기에, 익숙한 '형식'이 아닌 그 안에 숨겨진 '속성'과 '개념'을 다시 살펴볼 필요가 있습니다. 풀리지 않는 현업의 문제가 있을 때 우리의 생각을 가두는 익숙한 업계용어를 잠시 내려놓고, 한 번쯤은 '빠빠라킹'을 통해 그 문제 속에 숨은 속성을 발견해보는 건 어떨까요?

3
본질,
그런데 어디까지
봐야 할까?

이번에는 다소 엉뚱한 질문으로 이야기를 시작해보겠습니다.

"개는 위험한 동물일까요? 안전한 동물일까요?"

꼬리를 살랑거리며 애교를 부리는 사랑스러운 모습을 떠올리면, 개에게 '위험한'이라는 수식어를 붙이기가 미안해지기까지합니다. 하지만 가끔씩 반려견이 행인을 공격했다는 뉴스가 들려올 때면 개가 위험한 동물인가 싶어 헷갈립니다. 종이 매우 다양하고 그만큼 성격도 저마다 다른 개를 두고 위험한지 아닌지를 일반화하기란 간단하지가 않네요.

왜 이런 질문을 던졌을까요? 이유는 기업의 담당자들이 고민하는 다양한 현상 속에 숨겨진 본질을 발견하는 문제도 따지고 보면 위의 질문과 크게 다르지 않기 때문입니다. 그런데 그 '본질'이라는 것이 도대체 무엇일까요?

본질

[명사]

1. 본디부터 가지고 있는 사물 자체의 성질이나 모습.

2. 사물이나 현상을 성립시키는 근본적인 성질.

3. 〈철학〉 실존(實存)에 상대되는 말로, 어떤 존재에 관해 '그 무엇'이라고 정의될 수 있는 성질.

위의 사전적 정의에는 한 가지 중요한 공통점이 있습니다. 본질이 '특정한 대상만이 가지고 있는 고유한 성질'이라는 점입니다. 여기서 우리는 '특정한 대상만이' 가지고 있다는 점에 주목해야 합니다. 그 말을 뒤집어보면 '다른 대상들은 가지고 있지 않다'는 뜻이 됩니다. 그렇다면 무언가의 숨겨진 본질을 발견하는 가장 효과적인 방법은 무엇일까요? 그것은 바로 **다른 것과 구분되는 고유하고도 차별적인 속성을 찾아내어 이를 단계별로 세분화하며 살피는 것**입니다.

본질 발견법: 린네에게서 힌트를 얻다 ———

저는 이와 같은 방식으로 복잡한 현상들 이면의 본질을 짚어나가는 방법에 대한 힌트를 자연과학 분야에서 발견하게 되었습니다. 바로 스웨덴의 식물학자 린네가 개발한, 동식물의 고유한 속성에 체계를 부여한 '학명學名'인데요, 라틴어로 앞에는 속명屬名을, 그다음에는 같은 속屬에 속하는 세부적인 특징을 분류하는 종명種名을 붙이는 분류법입니다.

그런데 린네는 왜 이런 방식의 분류 체계를 만들게 된 것일까요? 그것은 우리의 고민과 정확히 일치합니다. 매우 다양한 현상들(린네의 경우 다양한 동식물들) 속에 숨겨진 근본적이고 차별적인 속성(본질)을 조금 더 체계적으로 들여다보고 싶었기 때문입니다.

여기서 우리가 주목할 것은 특징이 같은 것끼리 하나의 단위로 묶고, 특징이 서로 다른 것을 구분하는 방식으로 단계별 '특징'을 세분화해가는 단계별 접근법입니다. 큰 줄기에서 잔가지가 나오듯이 말이지요. 이런 식으로 소비자와 관련된 현상들을 그룹으로 만들고, 또 각 그룹을 세부 그룹으로 분류해나가는 방법은 본질을 파악하는 데 상당히 유용합니다.

그렇다면 '개는 위험한 동물일까, 아닐까?'에 대한 답을 린네의 도움을 받아 찾아보겠습니다. 개의 학명은 '카니스 루푸스 파밀리아리스Canis lupus familiaris'입니다. 큰 속성부터 하위의 세부적인 속성으로 세분화되는 학명의 체계상, 개의 가장 근본적이고 본질적인 특징을 나타내는 단어는 '카니스'입니다.

개의 근본 속성인 '카니스'에 속하는 다른 동물에는 어떤 것들이 있을까요? 늑대(!), 자칼(!!), 여우, 야생견 등을 포함한 37종이 카니스에 속합니다. 듣기만 해도 섬뜩하죠? 그리고 이 카니스종의 본질을 가장 잘 보여주는 특징은 '사냥에 적합하게 발달된 육식동물다운 몸'입니다. 결국 개라는 동물의 본질은 크기, 성격 등에 관계없이 사냥을 하는 육식동물, '카니스'입니다. 그렇기에 사랑스러운 반려견들의 본능 속에 누군가를 공격할 수 있는 '위험한' 습성이 숨어 있다는 점은 그 누구도 부정할 수 없습니다.

하지만 다행스러운 사실 하나! 개가 다른 카니스종과 구분되는 하위 속성을 설명하는 '루푸스 파밀리아리스'를 해석해보면 '가정에서 안전한'이 됩니다. 즉, 개는 늑대, 자칼, 여우와 본질은 같지만 이들보다 훨씬 더 '가정에서 기를 수 있을 정도로 길들여져 안전한' 하위 속성이 있음을 알 수 있습니다(이제야 안도가 됩니다).

정리하자면 가장 근본적인 본질만 따지자면 개는 위험한 사냥동물이지만, 다른 사냥동물과 구분되는 '가정에서 안전한'이라는 하위 속성을 지니고 있죠. 만약 여러 동물 가운데 반려동물을 선택한다면 사냥동물에 속하지 않는 동물을 고르는 것이 근본적으로 최선의 선택입니다. 그런데 반드시 개를 반려동물로 선택해야 하는 상황이라면, 다양한 종의 개들 중 '가정에서 안전한' 하위 속성을 가장 분명하게 띠는 개를 고르는 것이 적절한 차선책이 되겠습니다.

고민하는 본질의 단계를 살펴볼 것

이 린네의 분류법이 우리에게 전해주는 가장 중요한 메시지는, 본질을 찾는다는 미명하에 무작정 덤비지 말고 반려동물을 고르는 문제처럼 어느 선에서의 본질을 보아야 하는지 알아야 한다는 점입니다. 한국 사람의 본질을 파악할 때는 동일한 분류상의 일본인, 중국인과 비교해야 하지만, 인간의 근본적인 본질을 이해해야 할 때는 인간이 다른 동물과 구분되는 가장 밑바탕의 속성에 대한 고민이 필요하다는 것이죠.

만약 여러분 앞에 놓인 프로젝트가 단 일주일 안에 답을 내야

하는 팀 단위의 작은 프로젝트라면, 이때 파악해야 하는 것은 업의 본질처럼 묵직한 문제가 아니라, 지금 이 과제와 관련한 문제의 근본 원인 정도가 될 것입니다. 하지만 우리 회사의 미래를 좌우할 신사업에 대해 고민하는 경우라면, 업의 본질 자체에 대한 깊이 있는 고민이 반드시 필요합니다.

그렇다면 기업의 신사업 개발, 신기술 개발, 상품 기획 그리고 마케팅 담당자들이 파악해야 하는 본질은 어느 정도의 것일까요? 현재 고민하는 문제에 대한 근본적인 진짜 원인, 즉 '동인動因, Driver'이라 생각합니다. 기업의 담당자들 눈에 띄는 다양한 소비자와 시장에 대한 정보는 대부분 동인이 만들어낸 결과물에 불과한 경우가 많습니다.

정리하자면, **우리가 본질에 대해 고민하는 이유는 어떤 현상에 대한 근본 원인을 알아야 그 문제를 제대로 해결할 수 있기 때문입니다.** 그렇기에 앞서 살펴본 단계별 접근법을 통해 **눈에 보이는 현상 속에 숨겨진 원인, 즉 동인이 기업들이 고민하는 본질의 실체라는 점과 함께 이 동인을 찾아내는 구체적인 방법이 필요하다는 점**을 알아두어야 하겠습니다.

4
왜 동인이
중요할까?
: 방향성

저는 모든 프로젝트의 성패는 얼마나 제대로 된 동인을 발견하는지에 달려 있다는 나름의 확신을 가지고 있습니다. 동인을 무엇으로 보느냐에 따라 이에 대응하는 해법(솔루션)이 완전히 달라지고, 이에 따라 프로젝트의 결과물이 바뀌는 드라마틱한 상황을 자주 목격했기 때문입니다.

세계에서 가장 오래된 엘리베이터 회사인 오티스Otis의 사례가 좋은 예가 됩니다. 이 엘리베이터 회사는 초기에 엘리베이터 속도가 너무 느리다는 사용자들의 컴플레인을 자주 들었다고 합니다. 보통 이런 고객의 소리Voice Of Customer, VOC를 반복적으로 듣게 되면 대부분의 담당자들은 이를 액면 그대로 받아들이고 이 문제 자체를 해결하려 드는 경우가 많습니다.

이에 대해 오티스 사는 어떤 대응책을 내놓았을까요? 엘리베이터 속도가 느리다니 당연히 속도를 향상시키는 대응책을 생각하게 되었겠죠? 실제로 이 회사는 이러한 VOC에 대응하기 위해 한동안 엘리베이터 속도를 끌어올리고자 많은 노력을 했다고 합니다. 하지만 이후에도 똑같은 VOC가 계속되었습니다. '느린 속도'가 VOC의 근본 원인이 아니었으니 어쩌면 당연한 결과죠. 뒤늦게 이 회사는 이 VOC의 진짜 원인은 느린 속도가 아니라 '지루함'이라는 사실을 깨닫게 됩니다.

당시에는 엘리베이터 안에 아무것도 없었다고 합니다. 그러다 보니 엘리베이터를 타는 동안 딱히 할 일이 없어 꽤 지루했을 거예요. 이 지루함이 대뇌피질의 후합리화 과정에 따라 '엘리베이터 속도가 느리니 지루하다'고 해석되어 '느린 속도'라는 VOC로 둔갑한 것입니다.

이런 깨달음을 얻은 후에는 어떤 대응책이 나왔을까요? 엘리베이터 탑승자들의 지루함을 달래줄 방법을 고민하게 되었겠죠? 그 결과, 엘리베이터 안에 거울을 달게 되었다고 합니다. 이 거울이 효과가 좋았는지 이후 우리가 타는 대부분의 엘리베이터에는 거울이 달리게 되었다는 일화가 전해지고 있습니다. '속도 향상' 과 '거울'. 전혀 다른 대응책이죠? 그리고 이 대응책은 각각 '느린 속도'와 '지루함'이라는 전혀 다른 원인에서 출발되었다는 점이 많은 생각거리를 남깁니다.

처음에 발견되는 원인은 동인이 아니다

여기서 꼭 기억해야 할 사실 하나! 리서치 혹은 분석을 통해 처음에 발견하는 원인은 대부분 진짜 원인, 동인이 아니라는 점입니다. 저는 이를 '표면적 원인' 혹은 '동인의 그림자'라는 저만의 용어로 부르고 있습니다. 그래서 이때 강제적으로 이 원인을 딱 '두 단계만' 더 파보도록 조언합니다. 이 동인의 그림자 두 단계 아래에 진짜 원인, 동인이 숨겨져 있는 경우가 많기 때문입니다.

그런데 왜 하필 '두 단계 아래'일까요? 사실 동인을 찾는다는 것은 생각만큼 쉽지 않습니다. 해서 저는 여러 분야의 방법을 살펴보게 되었고, 그 과정에서 '현상학'이라는 학문에서 힌트를 얻을 수 있었습니다.

현대철학의 한 분류인 현상학은 독일의 철학자 에드문트 후설Edmund Husserl이 창시한 철학운동의 하나로, 후에 실존주의 철학자 하이데거Martin Heidegger에 의해 완성된 생각의 방법입니다. 현상학의 가장 큰 특징은 인간의 사고방식 자체를 고민하던 당시 철학과는 다르게, 인간이 놓인 외부환경과 인간의 생각이 어떻게 상호작용하는지에 주목한다는 점입니다.

현상학에서 가장 중요하게 생각하는 것이 '맥락'입니다. 외부환경과 인간 사이에서 인간의 모든 생각과 행동을 결정짓는 중간자가 바로 맥락이기 때문이죠. 이런 현상학적인 개념을 살펴본 결과, 저는 여러 유형의 원인과 결과는 다음의 구조로 이루어져 있다는 결론을 얻게 되었습니다.

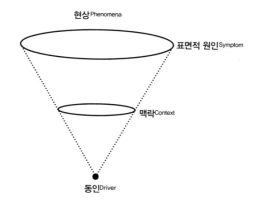

이 구조에서 알 수 있는 중요한 사실은 동인을 발견하지 못하는 주된 원인은 개별 현상이 놓인 공통의 상황, 즉 맥락을 살펴보지 않고, 표면적 원인을 발견하는 단계에서 대부분의 분석이 끝나기 때문이라는 점입니다.

이처럼 모든 원인과 결과의 이면에는 맥락이라는 비밀의 열쇠가 있고, 이 맥락이 파악되는 순간 동인으로 가는 숨겨진 문이 열리는 놀라운 일이 벌어집니다. 이러한 관점에 따라 동인을 새롭게 재정의해봅시다.

동인: 특정한 현상들의 맥락(공통의 상황)의 원인

디지털 말벗 vs. 체육진흥 캠페인

최근 급속한 노령화에 따른 치매율 급등이 큰 사회적 고민거리가 되었습니다. 이웃 나라 일본도 같은 문제를 고민하고 있는데요, 흥미로운 사실은 이 공통의 문제에 대한 두 나라의 주요 해결책, 즉 솔루션이 전혀 다르다는 점입니다.

– 2020년을 목표로 과학기술정보통신부가 개발 중인 혼자 사는 노인

을 위한 '디지털 말벗' 서비스

- 노인들의 하체 근력 향상을 위한 근육 마일리지 등의 노인 체육진흥 캠페인

왜 이런 전혀 다른 방향의 솔루션이 도출된 것일까요? 먼저 치매에 대해 조금 살펴보자면, 치매는 질병이 아닙니다. 치매는 일단 정상적으로 성숙한 뇌가 후천적인 외상이나 질병 등 외부 요인에 의하여 손상 또는 파괴되어 전반적으로 지능, 학습, 언어 등의 인지기능과 고등 정신기능이 떨어지는 복합적인 증상을 가리킵니다.

여러 외부 요인 중 가장 흔한 것은 대화의 기회가 줄어들어 적당한 뇌자극을 받을 수 없는 경우인데, 최근 일정한 대화 상대가 없는 혼자 사는 노인의 수가 늘어난 것이 치매율 증가의 주요 원인이라고 합니다. 이것을 해결해야 할 문제라고 보면 인공지능 등을 활용한 디지털 말벗 서비스라는 아이디어는 상당히 타당해 보입니다.

그런데 대화 상대가 없어 언어능력이 떨어지는 것이 치매 발생의 근본적인 원인일까요? 독거노인이라고 하더라도 외부 활동을 활발히 하는 경우라면 대화 상대가 많을 테니 모든 경우에 해

당되는 진짜 원인이라고 보기는 어렵습니다.

실제로 일본의 와세다 대학교 연구팀이 고령자 1만 4000여 명을 2003년부터 10년간 장기 추적조사한 연구 결과에 따르면 반상회, 자치소방단, 취미 모임 등 외부 활동에 참여하는 노인들은 불참자에 비해 치매 발병률이 25% 낮게 나타났으며, 회장 등 책임을 맡은 노인의 경우에는 단순 참여자와 비교해 19%나 더 낮은 치매 발병률을 보이는 것으로 나타났다고 합니다.

그런데 모든 노인이 이렇게 활발하게 외부 활동을 할 수는 없습니다. 바로 쇠퇴한 신체로 인해 거동이 불편하기 때문이죠. 실제로 평상시 외부 활동이 활발한 건강한 노인이더라도 추운 겨울에 눈길에 미끄러져 발목이라도 삐끗하여 집에만 머물게 되면, 이 별것 아닌 듯한 상황이 잠재적으로는 치매의 시작점이 될 수 있습니다.

이렇게 보니 치매에는 '외부 활동 가능 여부'라는 숨겨진 맥락이 있었네요. 그리고 외부 활동 가능 여부를 결정하는 요인으로 활발한 활동을 할 수 있는 건강한 신체가 필수임을 파악할 수 있고, 거동이 불편해져 외부 활동이 어려워지는 것이 결국 치매를 유발하는 가장 근본적인 원인, 즉 동인이 된다는 것을 알 수 있습니다.

이 동인을 발견했기에 거동이 불편하여 외부 활동이 불가능해지고 뇌활동 기회가 줄어 치매가 오지 않도록, 노인들의 근력, 특히 하체 근력을 강화해주는 '체육진흥 캠페인'이라는 솔루션이 탄생할 수 있었습니다. 디지털 말벗과는 전혀 다른 방향의 해법이죠.

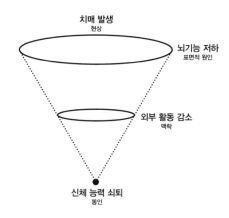

어떠세요? 동일한 현상이지만 파악된 원인에 따라 전혀 다른 방향의 아이디어가 나오게 된다는 사실을 이해하시겠죠? 이처럼 **원인을 어느 수준까지 보는지에 따라 결과물의 방향이 송두리째 달라진다는 점**을 꼭 기억하시기 바랍니다.

5
왜 동인이
중요할까?
: 다양성

제가 동인 파악을 중요시하는 두 번째 이유는 제대로 된 동인을 발견하는 순간, 자연스럽게 다양한 아이디어를 생각할 수 있게 되기 때문입니다.

이색적인 여행지나 멋진 레스토랑 혹은 카페 등에서 휴대전화로 자신의 모습을 담는 것은 언제부터인가 흔한 일상이 되었습니다. 그런데 이때 대부분의 사람들이 휴대전화를 든 팔을 45도 정도 위쪽으로 쭉 뻗은 채 사진을 찍는 모습을 볼 수 있습니다.

"특별한 곳에서 셀카를 찍을 때

왜 사람들은 팔을 최대한 뻗는 것일까?"

이 행동만큼 문화, 인종, 성별에 관계없이 전 세계인이 공통적으로 하는 행동도 흔치 않을 겁니다. 이런 공통된 모습의 원인은 무엇일까요?

가장 쉽게 생각할 수 있는 답은 '화면에 보다 많은 장면을 담고 싶어서'입니다. 팔을 뻗칠수록 사진에 찍히는 내용이 많다 보니, 배경을 더 많이 담고 싶거나 여러 사람이 함께 사진을 찍을 때 팔을 뻗치는 것은 당연해 보입니다(게다가 얼굴이 작아 보이는 일석이조의 효과까지 있습니다).

이런 표면적인 이유에서 나온 대표적인 솔루션이 '셀카봉'입니다. 사람들이 더 많은 장면을 화면에 담기 위해 팔을 뻗치니 이를 쉽게 해주고자 '사람의 팔보다 더 멀리 뻗칠 수 있도록 돕는 도구'인 셀카봉이 등장한 것이죠. 그런데 셀카봉 이후에 셀카 찍기 분야에 등장한 새로운 아이디어가 있을까요? 적어도 제가 알기에는 없습니다. 왜 없을까요?

그 이유는 발견한 문제가 표면적인 경우, 그것 자체를 해결하면 더 이상 생각할 수 있는 아이디어가 없어지기 때문입니다. 대부분의 아이디어 회의에서 아이디어가 충분히 나오지 못하는 가장 주된 이유가 바로 이 점입니다. 표면적인 원인을 놓고 아무리 고민해보아야 근본적인 해결책은커녕, 아이디어가 다양하게 나오는 경우조차 없습니다.

아이디어를 내는 능력이 부족한 게 문제가 아니라, 회의의 주제, 즉 문제의 질 자체가 떨어진다는 것이 '진짜 문제'입니다.

자, 그럼 이제 '왜 화면에 많은 정보를 담고 싶은지' 그 원인에 대해 한번 생각해보도록 하겠습니다. 공통점과 차이점을 대비시키는 가장 쉽고 명확한 방법에 따라 셀카를 '꼭 찍는 경우'와 '절대 찍지 않는 경우'를 대조해보면 좋겠습니다.

사람들이 셀카를 주로 찍는 특별한 장소에는 어떤 공통점이 있을까요? 청소를 안 해서 지저분한 자신의 방이나 남들에게 굳이 보여주고 싶지 않은 장소에 있을 때는 셀카를 찍고 싶은 마음이 들지 않겠죠. 공연, 해외여행, 근사한 레스토랑이나 카페에 갔을 때, 그리고 그곳에 있는 자신의 모습이 흡족해 보일 때 주로 셀카를 찍게 됩니다. SNS에 올려 남들에게 은근히 자랑하고 싶기도 하고, 적어도 나 스스로 간직하고 싶은 '좋은' 순간이기 때문이죠.

그런 좋은 순간을 찍을 때 내 모습만큼이나 그 장소와 상황도 사진에 잘 담기는 것이 중요하기에, '화면에 많은 정보를 담기 위해' 결국 팔을 뻗치게 된다는 원인을 파악할 수 있습니다. 이렇게 보니 셀카는 '기록하고 싶을 정도로 좋은 상황에서만 찍게 된다'라는 공통의 정황, 즉 맥락을 파악할 수 있게 되네요.

그렇다면 이런 맥락이 생긴 원인은 무엇일까요? 여러분은 가슴 벅차도록 즐겁고 행복한 순간에 어떤 생각이 드시나요? '이 좋은 순간이 후딱 지나가버리면 좋겠다'라고 생각하는 분들은 설마 없겠죠? '아, 이 순간이 영원히 계속되었으면', '시간이 멈추었으면' 하고 바라는 것이 일반적입니다. 보통 이런 마음이 들 때 사람들은 셀카를 찍기 위해 스마트폰을 꺼내 듭니다. 시간을 멈추어 이 순간을 붙잡아둘 수는 없으니 사진으로라도 남기려고 말이지요. 그렇기에 셀카를 찍을 때 팔을 최대한 뻗는 행동은 이 행복하고 즐거운 긍정적인 순간을 붙잡아두려는, 시간을 멈추고 싶은 마음과 같은 일종의 몸부림(?)이라고 해석해볼 수 있겠습니다.

물론 이러한 해석은 가설이기는 합니다. 그러니 당연히 검증 작업이 필요합니다. 하지만 이러한 동인을 파악했을 때 생각할 수 있는 아이디어는 셀카봉과는 전혀 다른 것이 됩니다. 단순히 팔을 뻗치는 행동을 쉽게 해주는 것을 넘어, 행복하고 즐거운 순간을 최대한 생생하게 담을 수 있도록 돕는 여러 가지 방법을 고민할 수 있게 되죠.

몇 년 전에 호주의 한 관광지에서 '기가 셀피Giga Selfie'라는 이름의 흥미로운 캠페인이 진행되었습니다. 많은 관광객들이 주로 셀카를 찍는 대표적인 위치, 소위 '셀카 명당'에 어떤 발판을 설치했는데요, 이 발판에서 사진을 찍으면 대략 100미터 밖에 숨겨진 대형 카메라가 연동되어 멀리서 사용자를 찍어 휴대전화로 전송해줍니다.

이 사진은 휴대전화로 찍은 사진과 비교할 수 없을 정도로 거대한, 말 그대로 기가 사이즈의 대형 셀카 사진입니다. 이 명소의 모든 배경이 사진에 담기는 것은 물론이고, 확대를 해보면 사진 주인공의 모습도 보이는 참으로 신기한 아이디어입니다. 셀카봉과는 전혀 다른 방향의 솔루션이라는 점이 흥미롭습니다.

여기서 중요한 사실 하나! 지금까지 우리가 알고 있는 셀카 찍는 행동과 관련된 아이디어는 셀카봉, 즉 제품 아이디어였습니다. 그런데 누군가는 이 행동에서 이렇게 캠페인에 대한 아이디어를 냈습니다. 어떻게 이런 일이 가능할까요? **이것이 바로 동인의**

힘입니다. 동인을 발견하면 다양한 방식으로 문제를 해결할 수 있게 됩니다. 근본적인 원인을 파악했기 때문에, 이제 어떠한 방법으로 이 문제를 해결할 것인지 다양하게 생각할 수 있는 것이죠.

제품으로 풀면 제품 아이디어가 나오고, 마케팅으로 풀면 마케팅 아이디어가 나오고, 비즈니스로 풀면 비즈니스 아이디어가 나오는 것일 뿐, 처음부터 문제를 구분하여 생각하는 것은 그 '눈에 보이는 형식'에 따라가는 표면적인 접근법에 불과합니다.

하지만 아무리 동인 파악이 중요하다고 해도, 국내 기업의 담당자들이 이 동인에 집중하기 어려운 지극히 현실적인 문제도 존재합니다. 바로 '윗분들'이 충분히 기다려주지 않는다는 점입니다. 동인을 분석하고 고민하는 이 중요한 시간이 윗분들의 눈에는 가시적인 결과물이 나오지 않는 불필요한 시간처럼 보일지도 모르겠습니다. 하지만 '문제가 틀리면 답도 틀리다'는 익숙한 말처럼, 지금 이 고민의 순간이 최종적인 결과물을 좌우하는 운명의 순간이라는 점을 윗분들께서 꼭 기억해주셨으면 좋겠습니다.

'훌륭한 프로젝트 매니저'는
훌륭한 '동인 매니저Driver Manager'입니다!

6
동인을
이루는 것은
무엇일까?

수소, 헬륨, 리튬, 베릴륨, 붕소, 탄소, 질소, 산소, 플루오르, 네온, 나트륨, 마그네슘…

'갑자기 뭐지?' 하고 당황하셨죠? 하지만 기억력이 좋은 분이라면 화학 시간에 중요하게 배우는(엄밀히 말하자면 '외우는') 주기율표의 원소 순서임을 눈치채셨을 겁니다. 저는 화학 시간을 참 좋아했습니다. 고유의 성질을 가진 물질들이 모여 독특한 모양의 구조를 이루고 그 구조에 따라 전혀 다른 성질의 새로운 무언가를 만들어낸다는 점이 참 신기하고 재미있었습니다.

이 주기율표가 화학의 역사에 던져준 큰 의미는 바로 원소라는 개념의 발견입니다. 지금은 쿼크니 뭐니 더 작은 입자도 발견된 상태이지만, 특정한 성질을 갖는 최소한의 단위인 원소의 개념을 이해한 덕에, 금을 만들겠다는 고대의 연금술이 얼마나 현실성 없는 시도였는지 깨닫게 된 것이지요. 금은 그 자체가 원소라 만들어낼 수 없으니까요.

앞서 살펴본 것처럼, 기업 담당자들에게 가장 중요한 레벨의 본질은 동인입니다. 그렇기 때문에 제대로 된 리서치가 중요합니다. 이유는 진정한 의미의 리서치는 현재 시장의 중요한 현황들을 조사하여 ① 몰랐던 사실을 새롭게 발견하거나, ② 잘못 알고 있는 사실을 발견하여 정정하거나, ③ 알고 있는 사실이 맞는다는 것을 재확인함으로써 이 속에 숨겨진 중요한 동인을 발견할 수 있게 해줍니다. 리서치를 그저 기획서 앞부분에 몇 장 채워 넣는 구색 맞추기 장표 정도로만 생각한다면 정말 큰 오산입니다.

그렇기에 잘된 리서치는 그 자체로 프로젝트의 정확한 방향을 분명하게 잡아주는 이정표 역할을 매번 톡톡히 해냅니다. 이것이 제가 모든 프로젝트에서 리서치 단계를 가장 중요하게 여기는 이유입니다.

그런데 어느 날, 업종과 아이템 등을 불문하고 구체적으로 잘 파악된 동인들에는 어떤 공통된 요소들이 있다는 생각이 들었습니다. 이때 문득, 잊고 있던 화학 시간의 원소 주기율표가 떠올랐습니다.

> **"두 개의 수소 원소와 하나의 산소 원소가 만나
> 물을 만들어내듯이,
> 여러 가지 동인들을 만들어내는
> 원소들이 존재하는 것은 아닐까?"**

제가 얻은 답은 '욕구Needs'와 '가치Values'입니다. 답이 생각보다 너무 뻔한 것 같나요? 하지만 잘 생각해보면 기업에서 고민하는 시장과 관련한 근원적인 문제는 대부분 최종 소비자 혹은 B2B업계의 클라이언트처럼 그 시장을 존재하게 만드는 사람들의 문제가 핵심이라는 점에 동의하실 것입니다.

그렇기에 잘 정의된 동인들은 이 원인이 소비자들의 어떤 욕구로 인해 발생한 것인지 뚜렷하게 담겨 있고, 덕분에 이 문제를 어떻게 해결해야 할지 쉽고 명확하게 답을 얻을 수 있습니다.

그렇다면 먼저 '가치'가 무엇인지부터 구체적으로 살펴봅시다.

욕구와 가치: '쓸모'와 '값어치'를 결정하다 ———

'가치 소비', '가치 있는 삶'. '가치관' 등, 가치라는 단어는 이미 우리의 일상에서 특별한 고민 없이 쓰이는 익숙한 단어입니다. 그렇기에 더욱 그 의미에 대해 곱씹어볼 '가치'가 있어 보입니다.

'가치'라는 단어를 사전에서 찾아보면 다음과 같이 설명되어 있습니다.

가치價値
[명사]

1. 사물이 지니고 있는 쓸모.
2. 〈철학〉 대상이 인간과의 관계에 의하여 지니게 되는 중요성.
3. 〈철학〉 인간의 욕구나 관심의 대상 또는 목표가 되는 진. 선. 미 따위를 통틀어 이르는 말.

일단, '쓸모'라는 단어가 가장 먼저 눈에 띕니다. 그리고 다음으로 '관계에 의하여 지니게 되는 중요성'이라는 생각지도 못한 표현도 보이고, '인간의 욕구, 관심의 대상, 목표' 등 정말 지루했던 '철학의 이해' 같은 교양과목에서나 들어봤을 법한 말잔치가 벌어집니다. 그런데 '쓸모', '대상과 인간의 관계' 그리고 '욕구의 대상'에서 중요한 힌트들이 보입니다.

이어서 '가치'와 발음이 비슷한 (아마도 같은 어원에서 파생된 것이라 추측되는) 유의어를 몇 가지 살펴보겠습니다. '가격價格'의 가價와 같은 한자를 쓰고 있으니 비슷한 단어인 '값어치'도 떠오르고, 영어권 사람들의 생각을 좀 빌릴 겸 영어 단어 중 value와 비슷한 단어를 생각해보니 '유효한'이라는 의미의 'valid'라는 단어도 떠오릅니다.

'쓸모'와 '값어치'. 일단 이 둘의 관계가 '대상과 인간의 관계', 그리고 '욕구의 대상'이라는 개념을 정리해주는 것 같네요. 값어치를 결정하는 것은 쓸모인데, 같은 사물이라도 '어떠한 욕구의 대상'으로 그것을 바라보는지에 따라 '대상과 인간의 관계'가 달라지게 되고, 이 관계 변화가 쓸모에 영향을 미치게 되어 결과적으로 그 값어치를 결정한다고 정리할 수 있겠습니다.

그렇다면 같은 물건도 그 쓸모에 따라 값어치가 천차만별이 될 수 있겠죠? 일반적인 상황에서 거의 모든 소비자들은 같은 물건이라도 더 저렴하게 구매하고 싶어 합니다. 하지만 실제보다 더 비싸게 물건이 팔리는, 아니 비쌀수록 더 잘 샀다고 생각하게 되는 참으로 요상한 가치 상황도 존재합니다. 바로 골프장에서 말입니다.

골프장에 입점된 가게에서는 골프용품 외에도 다양한 물품들이 판매되고 있는데, 와인은 물론이고 심지어 그림까지 판매되는 것을 본 기억이 있습니다. 흥미로운 점은 일반적인 경우보다 훨씬 비싼 가격표가 붙었는데도 그래서 더 잘 팔리는 물건도 있다는 사실입니다. 도대체 누가, 하필 골프장에서 굳이 더 비싸게 주면서까지 이런 제품을 구매하는 것일까요?

예전에 한 골프장 숍에서 와인을 구매해 함께 라운딩을 온 일행에게 선물하는 한 중년 남성을 본 기억이 있습니다(참고로 김영란법 시행 이전의 일입니다). 그 남성은 선물을 건네며 이런 말을 했지요.

"이 와인 들어보신 적 있으시죠?
이거 마트에서 3만 원 정도 하던데,
어이구, 여기서는 10만 원이나 하네요!
자, 이거 한 병 받으시지요, 허허허!"

그 남성이 어떤 목적으로 자신이 바가지를 쓴다는 사실을 알려가며 일행에게 와인을 선물했는지 굳이 알고 싶지는 않습니다. 하지만 그가 평소 본인이 마실 와인을 살 때도 항상 이런 바가지를 감수할까요? 그럴 확률은 지극히 낮아 보입니다. 아마도 호의를 베풀어야 할 사람에게 주는 선물이라는 독특한 '쓸모'가 이 바가지를 자처하게 만들었을 것입니다.

정리하자면 같은 '시원한 생수 한 병'이라 하더라도 태양이 작렬하는 사막 한복판에서는 그 무엇보다 요긴하고 쓸모 있고 값어치 있는 귀한 물건이 되지만, 며칠 동안 제대로 자지 못해 잠이 절실한 사람에게는 분명 생수 한 병보다 마음 편히 잠을 잘 수 있는 단 5분의 시간이 더 큰 가치로 다가오는 이치라 할 수 있겠습니다. 그리고 갈증이 크면 클수록, 졸음이 더 쏟아질수록 그 대상의 값어치는 점점 더 커지겠죠.

이렇게 보니 가치가 있고 없음을 결정하는 '쓸모'는 결국 소비자가 해결해야 하는 욕구를 대상물이 실제로 얼마나 잘 해결해줄 수 있느냐에 달려 있다는 것 이해되시지요? 자, 이런 개념에 따라 소비자 가치를 다음과 같이 재정의해보면 어떨까요?

소비자 가치Consumer Value
: 소비자의 특정한 유형의 욕구Needs를 해결해주는
유효한 솔루션Valid Solution

이렇게 '욕구와 가치'를 '자물쇠와 열쇠'처럼 짝을 이루는 '문제와 솔루션'으로 바라봄으로써, 우리는 소비자들이 만들어내는 다양한 현상들의 동인과 그 솔루션을 보다 분명하게 정의할 수 있습니다.

자, 그럼 이제부터 소비자들의 다양한 욕구를 만들어내는 내면의 잠재욕구에 대해 살펴보겠습니다. 이를 통해 우리가 소비자들에게 어떠한 본질적 가치를 제공해야 하는지도 함께 생각해보면서 말이지요.

다행스럽게도 주기율표처럼 수많은 원소들이 존재하지는 않습니다. 딱 6개입니다. 그렇다면 저는 어떻게 이 6개의 원소를 발견하게 되었을까요? 그리고 이 6개의 원소를 통해 우리는 어떻게 동인을 파악하고 새로운 소비자 가치를 만들어낼 수 있을까요? 지금부터 본격적으로 살펴보겠습니다.

성취, 친교, 권력
×
회피, 추구

1
3개의
잠재욕구
:성취, 친교, 권력

교장은 그리스어를 사랑했다.

하지만 잘못된 방식으로 사랑하지. 교실 뒷자리에 앉아 있던 그레고리우스는 이렇게 생각하곤 했다. 교장이 그리스어를 사랑한 것은 허영심의 발로였다.

그는 단어 자체를 사랑하는 것이 아니었다. 만일 그랬더라면 그레고리우스도 좋아했을 것이다.

쓰이는 경우가 지극히 드물거나 어려운 동사 형태를 노련하게 쓰면서 교장이 사랑한 것은 '단어'가 아니라 그렇게 할 능력이 있는 그 '자신'이었다.

단어들은 그를 꾸미는 장신구였고, 그가 늘 매고 다니는 나비넥타이와 비슷한 존재였다.

그가 글씨를 쓸 때마다 단어들은 인장반지를 낀 손가락 사이로 흘러내렸다. 단어들도 반지로 변해버린 듯했다. 허영심이 가득한, 그래서 필요 없는 보석… 그러면 그 단어들은 더 이상 그리스어가 아니었다. 인장반지에서 떨어지는 금가루는 단어들이 지닌 그리스적인 본질, 단어 자체를 사랑하는 사람들만이 알 수 있는 본질을 해체했다. 교장에게 시는 값비싼 가구나 고급 와인, 멋진 만찬용 양복과 마찬가지였다.

_소설 『리스본행 야간열차』 중에서

명작 소설 『리스본행 야간열차』에서 주인공 그레고리우스가 그리스어에 유독 애착을 보였던 학창 시절의 교장선생님에 대해 회고하는 대목입니다. 여기서 주목할 점은 주인공이 생각하는 그리스어의 가치와 교장 선생님이 그리스어에서 느끼는 가치가 서로 다르다는 점입니다.

교장이 그리스어를 사랑하는 이유는 그리스어가 자신을 우월하고 특별한 사람처럼 느끼게 해주는 소위 '허세의 유효한 솔루션'이기 때문인데요, 만약 소설 속으로 들어가 이 교장에게 "선생님, 선생님은 스스로를 허영심 많은 사람이라고 생각하십니까?"라는 질문을 해본다면 어떨까요? 아마도 "무슨 소리냐?"며 펄쩍 뛸 것 같네요. 사람들은 자신의 내면에 어떤 욕구가 도사리고 있는지 스스로 잘 모르기 마련이니까요.

여기서 소비자들을 대할 때 잊기 쉬운 사실 하나를 살펴봅시다. 하버드 대학교 경영대학원의 제럴드 잘트먼Gerald Zaltman 교수가 내세운 '인간 욕구의 95%가량은 무의식에 있기 때문에 인간은 자신이 무엇을 원하는지를 스스로도 모른다'는 이론입니다. 이 말을 통해 소비자들의 입을 통해 듣게 되는 이유들이 대부분 '진짜' 이유가 아니라 그들의 대뇌피질이 그럴 듯하게 '지어낸' 이유라는 사실을 다시 한 번 상기할 수 있습니다.

그러면 우리는 어떻게 소비자 스스로도 모르는 깊숙한 내면의 욕구를 읽어낼 수 있을까요? 사실 이제부터가 어려운 부분입니다. 심리학, 인지과학은 물론 철학 등의 인문학적 지식들이 총동원되어야 하기 때문입니다. 하지만 우리가 이렇게 다양한 분야의 지식을 모두 갖출 수는 없기 때문에 누군가의 도움이 필요합니다.

저는 '거인의 어깨 위에 서다Standing on the Shoulders of Giants'라는 표현을 참 좋아합니다. 거인의 어깨 위에 올라서면 조금 더 쉽게 먼 곳까지 볼 수 있기 때문이죠. 그렇다면 우리는 지금 어떤 거인의 어깨를 빌려야 할까요?

매클러랜드 교수의 잠재욕구Latent Needs 이론 —

전 세계의 방대하고도 다양한 연구논문을 검색해볼 수 있는 아주 쏠쏠한 도구인 구글스콜라(https://scholar.google.com)의 도움을 받아, 우리는 소비자의 다양한 욕구 그리고 가치체계와 관련한 많은 연구 결과들을 살펴볼 수 있습니다. 그리고 이러한 연구 결과들을 유심히 살펴보면, 각각의 세세한 주장은 다르지만 3가지 큰 공통점을 발견할 수 있습니다.

- 내면으로부터 생기는 자발적 성격의 욕구인지, 밖으로부터(자신을 제외한 타인 혹은 외부환경으로부터) 생기는 상호작용의 결과물인지
- 무언가를 추구하기 위해 생기는 욕구인지, 회피하기 위한 욕구인지
- 욕구의 목적이 스스로 만족하기 위한 것인지, 남에게 보여주기 위한 것인지

이쯤에서 이런 공통점을 종합하여 우리에게 의미 있는 결론을 제시해줄 고마운 거인을 소개할까 합니다. 소비자 욕구와 관련된 다양한 이론들의 중요한 뼈대가 되는 이론을 가장 많이 제시한 하버드 대학교의 데이비드 매클러랜드David McClelland 교수입니다.

매클러랜드 교수는 소비자들의 다양한 욕구 아래에는 '성취욕

구', '친교욕구' 그리고 '권력욕구'라는 3개의 잠재욕구가 깔려 있다고 설명하고 있습니다.

이 잠재욕구들이 상호작용하며 여러 가지 욕구들을 만들어낸다고 볼 수 있는데요, 이 관점으로 보자면 소비자 욕구와 관련하여 가장 많이 알려진 매슬로Abraham Maslow의 '욕구 5단계 이론'도 결국 3개의 큰 욕구가 만들어낸 결과물의 계층구조라는 점이 보이기 시작합니다.

그럼 이제부터 이 3개의 잠재욕구가 어떤 것들인지 살펴보겠습니다.

1) 성취욕구Need for Achievement : 'OO부심'의 욕구 ———

성취욕구를 처음으로 발견한 사람은 헨리 머레이Henry Murray라는 학자로, 이 욕구를 '좀 더 어렵고 힘든 성과를 달성하기 위해 노력하려는 욕구'라고 설명했습니다. 뭔가 무겁고 거창하게 들리지만, **성취욕구의 핵심은 '인간은 지금의 나보다 조금 더 나은 사람이 된 것처럼 느끼는 만족감, 즉 성취감을 추구한다'는 것입니다.**

한때 자기계발서가 불티나게 팔린 적이 있었습니다. 그런데 소비자들은 구매한 자기계발서를 끝까지 읽었을까요? 예전에 자기계발서를 구매한 독자들을 대상으로 구매 권수와 끝까지 다 읽은 권수에 대한 소비자 리서치를 한 적이 있습니다. 어떤 결과가 나왔을까요? 이 둘 사이에 유의미한 상관관계는 없다, 쉽게 말해 자기계발서를 여러 권 산다고 해서 그것을 꼭 다 읽는 것은 아니라는 결과가 나왔습니다.

그렇다면 사람들은 끝까지 다 읽지도 않을 자기계발서를 왜들 그리 많이 구매했을까요? 자기계발서를 구매하는 행위 자체가 뭔가 더 나은 사람이 되기 위해 노력하고 있다고 스스로 느끼는 '셀프 대견함'을 충족시켜주기 때문 아닐까요? 소비자들은 이 '성취감'을 여러 가지 방법으로 느끼려 합니다. 어렵고 힘든 성과를 달성했을 때는 말할 것도 없고, 책 한 권을 사는 쉬운 방법을 통해서도 '성취감'을 느끼게 됩니다.

● 성취욕구: 셀프 만족감

성취욕구의 핵심은 바로 나 자신이 뭔가 더 나아진 것 같다고 느끼는 '셀프 만족감'입니다. **이때 남이 어떻게 생각하는지는 전혀 중요치 않습니다. 스스로 뭔가 조금 더 특별하고 나은 사람이 된 듯한 느낌을 받고 싶은 것. 그것이 성취욕구의 핵심입니다.**

한때 버려진 천막 천으로 만들어 모양이 제각각인 재활용 가방이 유행한 적이 있습니다. 재활용 제품이니 저렴할 법도 한데, 실제로 가방 가격이 20~30만 원이나 하는데도 상당히 잘 팔린다는 점이 저는 꽤 놀라웠습니다.

"개성 있잖아요. 세상에 하나밖에 없는 거니까요!"
"똑같은 모양이 없다는 게 참 맘에 들어요."

그 가방을 고르고 있는 소비자들에게서 제가 직접 들었던 답변입니다. 소비자 입에서 나오는 답변을 액면 그대로 듣는 것은 위험하다 누차 말씀드렸으니, 여기서 우리는 소비자 인터뷰의 단골 멘트인 "개성 있잖아요!"라는 말을 조금 곱씹어보겠습니다. '개성 있는 것'과 '개성 없는 것'의 차이점은 무엇일까요?

"개성이 없는 건 평범해요. 그래서 존재감이 없죠."
"개성이 있으면 특별해서 좋아요."
"개성이요? 글쎄, 남한테는 없는데
나한테만 있는, 뭐 그런 거 아니에요?"

그렇습니다. 개성 있는 제품을 좋아한다는 소비자들의 말 속에는 '개성' 그 자체가 중요한 것이 아니라, 그 제품들이 자신에게 '특별한 사람이 된 것 같은 만족감을 준다'는 진짜 이유가 숨어 있다는 것을 알 수 있습니다.

'개성 있는 제품'을 좋아하는 소비자들,
남들보다 먼저 신제품을 써봐야 직성이 풀리는 얼리어댑터들,
리미티드 상품이라면 혹하는 소비자들

이들의 공통적인 내면의 욕구는 바로 '나 스스로 뭔가 더 특별한 사람이 된 것처럼 느끼게 해주는 제품을 원한다'입니다. 눈에 보이는 현상은 서로 관련 없어 보이지만, 자기계발서 열풍을 포함하여 이 다양한 모습의 동인은 '성취욕구'라는 원소로 이루어져 있다는 점을 발견할 수 있습니다.

자신이 원하는 이 제품을 남들이 못 알아보면 실망할까요? 아니요, 오히려 못 알아볼 때 더 기뻐할지도 모르겠네요. 나를 더 특별하게 만들어줄, 나만 아는 제품이 될 테니까요.

이처럼, **스스로 지금 상태보다 더 나은 사람이 된 것 같은 기분을 느끼고 싶은 내면의 깊숙한 욕구가 바로 '성취욕구'입니다. 그리고 이 욕구의 주인공은 남이 아니라 오로지 나 자신이라는 점이 키포인트입니다.**

그래서 저는 이 성취욕구를 유행어에 맞춰 '○○부심'이라고 부르고 싶습니다. 특정한 것에 과할 정도로 자부심을 갖는 것을 의미하는 유행어죠? 코가 예쁘다는 자부심이 들면 '코부심', 자신의 자동차를 자랑스러워하는 사람을 '차부심' 부린다고 말하죠. '부심'이라는 유행어 자체가 나 스스로 만족하기 위한 여러 활동을 설명하는 표현이니 적절할 것 같네요.

인간이라면 누구나 가지고 있는, 여러 방법으로 지금보다 더 나은 사람이 된 것 같은 기분을 느끼고 싶은 '○○부심'이라는 말로 성취욕구를 정리하겠습니다.

2) 친교욕구Need for Affiliation : '집사'의 욕구 ———

온통 나 자신으로 가득 찬 '성취욕구'와 다르게, 친교욕구는 특정 집단이나 사회적 무리에 참여하고 소속되고 싶은 욕구를 의미합니다. 그리고 이를 통해 다른 구성원들과 긍정적인 대인관계를 맺고 교감하는 것을 그 목적으로 합니다. 그런데 이 대인관계의 범위를 조금 넓혀서, 사람만이 아니라 '동물, 물건, 주변 환경 등 나를 뺀 나머지 대상과 좋은 관계를 맺고 유지함으로써 충족하려는 관계욕구'로 확장해서 이해하면 더 좋겠습니다.

반려동물 인구가 1천만 명을 넘은 지도 꽤 되었습니다. 그리고 언젠가부터 이웃 나라 일본처럼 취미로 장난감 등을 수집하는 성인인 '키덜트kidult'들을 종종 볼 수 있게 되었습니다. 특히 다양한 취미활동과 관계한 제품과 시장이 그 어느 때보다 활발하게 성장하고 있습니다. 또한 모바일 게임 시장의 큰손으로 중년층이 급부상하고 있다는 기사도 심심치 않게 보입니다.

이런 유형의 소비는 경기가 좋아 주머니 사정이 여유롭거나 적어도 소비심리가 괜찮을 때 주로 나타나는 특징이 있습니다. 당장 생활비도 빠듯한데 취미활동 같은 여가에(게다가 다 큰 어른이 게임 아이템 사는 데!) 돈을 쓰는 것은 쉽지 않으니까요. 그런데 흥미로운 점은, 최근 소비활동과 관련된 다양한 지표를 들여다보면 사정이 그리 좋지 않은데도 이러한 유형의 소비가 왕성하게 이루어지고 있다는 것입니다.

● 관계와 감정 조절장치

자, 갑자기 반려동물을 기르게 되었다고 가정을 해보겠습니다. 귀여운 강아지나 고양이가 안겨줄 즐거움과 더불어 온갖 번거로운 일들도 시작됩니다. 정기적으로 목욕도 시켜줘야 하고, 산책도 나가야 합니다. 그리고 사료부터 각종 동물용품에 이르기까지 여러 가지 돈 들어갈 일도 같이 늘어갈 게 분명합니다. 그런데 반려동물을 기르는 사람들의 상당수가 혼자 사는 1인 가구라는 점이 눈에 띕니다. 자기 한 몸 챙기기도 바쁜 1인 가구들이 왜 이렇게 여러 가지 수고를 감수하며까지 반려동물을 기르기 시작한 것일까요?

표면적인 이유는 '외로움'일 것입니다. 지친 몸을 이끌고 집에 돌아왔을 때 나를 기다려주는 존재가 있다는 점, 생각만 해도 마음이 따뜻해집니다. 반려동물과 다르게 키덜트들의 수집품은 꼬리 치며 주인을 반겨주지는 않지만, 그럼에도 불구하고 그들은 애지중지하는 수집품을 바라보며 반려동물 주인들이 느끼는 비슷한 행복감을 느끼는 것 같습니다.

이 같은 소비자들의 모습을 쉽게 이해하기 위해 추천하고 싶은 책이 하나 있습니다. 텍사스 대학교의 저명한 심리학 교수인 샘 고슬링Sam Gosling의 『스눕Snoop』이라는 책입니다. 이 책이 흥미로운 점은 소비자를 둘러싼 다양한 물건이 소비자와의 관계에서 어떠한 역할을 하고 있는지와 함께, 물건을 통해 사람의 내면을 들여다보는 다양한 방법을 소개하고 있다는 점입니다(제가 앞서 친교욕구를 대인관계를 넘어 동물은 물론 사물의 범위까지 넓혀 생각해보자고 한 이유가 바로 이 책 때문이기도 합니다).

『스눕』에서는 사람들이 특정한 욕구를 투영하는 관계를 중심으로 물건의 유형을 분류합니다. 한 예로 '자기 정체성 주장'을 위한 유형의 물건Identity Claimer을 들 수 있습니다. 소비자 욕구를 연구하는 많은 연구자들이 공통적으로 언급하는 것처럼, 나에게 말을 거는 내부지향적Inward 유형의 것(예컨대 스스로의 결심을 카톡 대화명에 써넣는 것)과, 남들에게 "나 이런 사람이야"라고 알리기 위한 외부지향적인Outward 유형의 것(예컨대 명문대 학생들이 학교 이름이 새겨진 옷을 입고 다니는 것 등)이 있습니다.

지금 살펴보고 있는 친교욕구와 관련하여 특히 눈여겨볼 물건의 유형은 '감정 조절 장치Feeling Regulator'입니다. 이 물건들은 힘들고 괴로운 감정이 들 때 이를 정서적으로 완화시켜주는 역할을 합니다.

　여러분 동료의 책상을 한번 살펴보세요. 책상 위에 가족 사진이나 여행가서 찍은 사진, 기념품, 장난감, 혹은 화초 같은 물건들을 유독 많이 올려놓는 사람들이 회사에 한두 명은 꼭 있습니다. 『스눕』에서는 이런 사람들이 대체로 회사에서 큰 스트레스나 심리적 압박을 받고 있다고 말합니다(혹시 주변에 이런 동료가 보이면 커피 한 잔과 위로의 말을 건네보면 어떨까요?). 바로 그 물건들이 인간의 부정적이고 힘든 감정을 다독여주는 역할을 한다는 거죠.

　바닥을 치고 있는 소비심리와는 반대로 나타나는 반려동물, 키덜트 등 예외적인 소비형태를 바로 이 '감정 조절 장치'로 이해할 수 있습니다. 즉, 주머니 사정이 딱히 좋지는 않지만 자신을 위로해줄 관계의 대상 없이는 견디기 힘들 정도로 무거운 압박감을 느끼는 힘든 사회상이 반영된 씁쓸한 소비형태라고 보면 되겠습니다.

**　이처럼 친교욕구는 인간이 자신을 뺀 나머지 대상들과의 관계에서 만족감을 얻으려는 내면의 욕구입니다.**

**적잖은 비용과 여러 수고로움을 감수하며
반려동물을 기르고 싶은 마음,
기왕이면 착한 회사의 물건을 팔아주고 싶은 착한 소비,
아가페적 사랑이라 불리는 무조건적인 부모님의 사랑**

때로는 숨 쉬듯 자연스럽고 쉬운 것 같지만, 때로는 무거운 책임감을 동반하는 욕구가 바로 친교욕구입니다. 이 친교욕구는 쉽게 '집사'라는 표현으로 정리할 수 있습니다. 집사는 반려동물을 기르는 사람들이 자신을 가리킬 때 자주 쓰는 표현인데요, 자신이 동물을 모시고(?) 살고 있다는 뜻이죠. 친교욕구는 '반려인'들이 집사를 자처하며 동물과의 관계에서 만족감을 얻고자 하는 깊숙한 내면의 욕구라고 할 수 있습니다.

3) 권력욕구Need for Power : 갑의 욕구 ───

이제 마지막으로 권력욕구에 대해 살펴보겠습니다. '권력Power' 이라는 묵직한 단어 때문에 다소 거창해 보이는 권력욕구란 '다른 사람에게 영향력을 미치고 통제하려는 욕구'입니다.

인간의 밑바탕에 깔린 권력욕구의 실체를 보여준 악명 높은(?)

실험이 하나 있습니다. 스탠퍼드 대학교 심리학과의 필립 짐바르도Philip Zimbardo 교수가 1971년에 진행한 심리학 연구로, '스탠퍼드 감옥 실험Stanford Prison Experiment, SPE' 혹은 '루시퍼 이펙트Lucifer Effect'라고도 불리는 실험입니다. 원래는 실험 기간을 2주로 잡았지만 부득이하게 단 6일 만에 실험이 종료되었을 정도로, 인간 본성의 충격적인 이면을 드러내며 큰 논란을 낳았던 실험이죠.

이 실험은 스탠퍼드 대학교 지하실에 마련된 가짜 감옥에서 간수와 죄수 역할을 맡은 사람들이 실제 교도소처럼 생활하는 모습을 관찰하는 것이었습니다. 이 간수와 죄수들은 중산층 가정 출신으로 범죄 이력이 전혀 없고 심리적으로 안정된 남자 대학생들 가운데 선발했습니다. 교도소와는 전혀 관계가 없는 보통 사람들이었죠.

문제는 실험이 진행될수록 각각의 역할을 맡은 사람들이 자신의 역할에 지나치게 몰입하기 시작했다는 것입니다. 실험이라는 사실을 잘 알고 있었음에도, 간수들은 시간이 지날수록 강압적으로 죄수들을 통제하려 들었습니다. 죄수 역할을 맡은 사람들 입장에서는 진짜 죄수 취급을 받으니 부당하다는 생각이 들었겠지요. 그러자 죄수 역할을 맡은 2명의 피실험자를 주축으로 폭동이 일어납니다. 연구팀이 미처 예상 못 한 돌발 상황이 발생한 것입니다.

더욱 놀라운 사실은 그저 15달러의 일당을 받고 실험에 참여했던 간수 역할의 피실험자들이, 약속된 일과 시간이 끝났음에도 자발적으로 남아 회의를 해가며 죄수들을 더욱 강압적으로 통제할 수 있는 방법을 고민할 정도로 이 실험 상황에 몰입했다는 점입니다. 사태가 이쯤에 이르자 짐바르도 교수는 실험을 중단합니다. 이후 미국에서는 사람을 대상으로 한 이러한 형태의 실험을 법으로 금지하게 되었다고 하네요.

이 간수 역할의 피실험자들은 악인이었을까요? 아닙니다. 인간이라면 누구에게나 있는, 특유의 영향력 행사에 대한 욕구가 작용한 것 그 이상도 이하도 아닙니다. 인간은 사회적 동물이기에 서로 동등한 관계에 있는 상황에서조차 다른 사람들에게 영향력을 끼치고 싶어 합니다. 그런데 이러한 욕구가 '루시퍼 이펙트'라는 무시무시한 표현을 써야 할 정도의 과격한 행동만을 유발할까요? 그렇지 않습니다.

● 키오스크: 디지털 세대의 권력욕구

인간은 누구나 다른 사람들에게 주목받고 싶어 합니다. 멋지게 차려입고 외출했을 때 다른 사람들이 (특히 이성이) 많이 쳐다봐주면 어깨가 저절로 으쓱해집니다. 그리고 남들에게 뽐낼 수 있는 값비싼 물건을 갈망하는 경우도 생깁니다. 이러한 모습들이 모두

'영향력'을 핵심으로 하는 저 아래의 권력욕구가 만들어내는 다양한 표면적 욕구입니다. 이 권력욕구가 낳은 최근 소비자들의 모습 가운데 눈에 띄는 것은 무엇이 있을까요?

요즘 젊은 소비자들은 점점 더 대면하는 것을 꺼린다는 이야기를 들어본 적이 있으실 겁니다. 왜 그럴까요? 요즘 맥도날드나 버거킹 등의 매장에서 주문을 할 때는 두 가지 방식이 가능합니다. 하나는 예전처럼 카운터에서 직원과 마주보며 직접 주문하는 방식이고, 다른 하나는 키오스크라 불리는 무인주문결제기계를 이용하는 방식입니다. 최근에는 거의 후자의 방식으로 바뀌는 추세죠.

예전에 제가 이 두 가지 주문 방식을 결정하는 데 어떠한 차이점이 있는지, 그렇다면 키오스크 등 상업 용도의 디지털 디바이스를 개발할 때 어떠한 점을 염두에 두어야 하는지 등에 관한 소비자 조사(관찰조사 및 대면 인터뷰)를 실시한 적이 있습니다. 이 조사 과정 중, 어학원 등이 밀집한 강남역의 한 패스트푸드 매장에서 생각지도 못한 놀라운 장면을 목격했습니다. 키오스크 앞에는 줄이 길게 늘어서 있는 반면, 직원이 있는 카운터 앞은 거의 비어 있는 모습이었습니다. 우연일지도 모른다고 생각했는데 다른 시간대, 다른 매장에서도 비슷한 광경이 목격되었습니다. 저라면 굳이 줄을 서지 않고 카운터에서 주문할 것 같은데, 왜 이런 양상을 보이는 것인지 참으로 궁금했습니다.

"키오스크가 더 편한 것 같아서 키오스크를 먼저 살펴요."
"카운터요? 알바생에게 주문할 때는 뭔가 좀 부담스러워요."

인터뷰에 응한 소비자들의 공통된 답변은 카운터의 직원과 대면하는 것보다 기계로 주문하는 것이 훨씬 더 편하게 느껴진다는 것이었습니다. 왜 그럴까요? 요즘 젊은 소비자들은 어린 시절부터 갖가지 스마트 기기를 접해온 터라 내가 주체가 되는 상황이 더 자연스럽기도 하고, 또한 1자녀 가정에서 자란 경우도 많습니다. 말하자면 인격이 형성되는 시절에 자신과 동등한 입장에 처한 다른 사람과 상호작용을 하기보다, 자신이 주가 되어 다른 것들에 영향력을 행사하는 경우에 익숙한 세대라고 볼 수 있습니다. 그렇기에 다른 사람과 대면하며 동등한 입장에서, 즉 자신의 주도권이 다소 낮아진 상황에서 상호작용하는 것이 불편할 수 있겠지요. 이런 점을 생각하면 줄을 서서 기다리더라도 자신이 주도권과 영향력을 쥘 수 있는 키오스크 주문을 편하게 느끼는 게 이해되기도 합니다.

권력욕구를 요즘 쓰는 말로 쉽게 설명하자면 '갑이 되고 싶은 욕구'라 하겠습니다. '갑질'이라는 부정적인 단어가 있기는 하지만, '갑'은 말 그대로 상황의 주도권을 쥐고 있는 사람을 의미합니다. 이처럼 **인간의 내면에는 모든 상황에서 갑이 되어 다른 사람에게 영향력을 끼칠 수 있도록 주도권을 쥐고. 주목받고 싶고. 남보다 우월한 위치를 점하고 싶은 욕구가 있습니다. 그것이 바로 권력욕구입니다.**

2
소비의
방향성 정의
:'회피'와 '추구'

지금까지 인간의 3가지 잠재욕구에 대해 살펴보았습니다. 하지만 아직 퍼즐 하나가 더 필요해 보입니다. 바로 이 3가지 잠재욕구와 우리가 고민하는 시장 혹은 소비자의 동인을 잇는 연결고리가 빠져 있기 때문입니다. 마케팅, 상품기획, 신사업기획 그리고 창업에 이르기까지, 이 모든 활동은 우리의 상품과 서비스를 소비해줄 사람이 있다는 전제에서 이루어집니다. 그렇다면 소비자들의 다양한 소비활동을 분류해보고, 이 분류와 3가지 근본 욕구를 조합해보면 답을 찾을 수 있을 것 같습니다.

세상에는 다양한 모습의 소비가 존재합니다. 돈을 내고 물건을 사는 것도, 재화를 써서 없애버리는 것도 모두 소비활동입니다. 그리고 자신의 시간과 노력을 들여 어떤 활동을 하는 것도 큰 관점에서는 모두 소비의 한 유형으로 이해할 수 있습니다. 그렇다면 이 다양한 소비활동을 어떻게 명쾌하게 유형화할 수 있을까요?

앞서 살펴보았던 린네의 동식물 분류법 기억하시죠? 같은 것과 다른 것을 세부 분류하며 그 고유의 속성을 차분히 들여다보는 방법, 저는 이 방법으로 소비활동을 여러 기준으로 분류해보기 시작했습니다. 처음에는 모든 소비활동의 가장 기본적인 기준인 '의식주'를 가지고 분류해보기도 했습니다. 하지만 역시나 '속성'이 아니라 '형식'에 가까운 기준이었기에 표면적인 유형에서 벗어날 수 없었습니다.

이런저런 시행착오를 겪던 중, 소비라는 것은 결국 본인의 자원(화폐, 시간, 노력 등)을 동일한 가치의 특정 대상(상품 혹은 서비스 등)과 교환하는 '교환행위'라는 점에 주목하게 되었고, 그래서 이 교환이 이루어지는 목적에 따라 분류해보기 시작했습니다.

그 결과 '현재 상태'를 0으로 하고, '현재보다 더 나은 상태(+)'와 '현재보다 더 나빠진 상태(-)'라는 3가지 상태를 기준으로 우리의 소비활동을 아래의 2가지로 분류할 수 있다는 결론을 내리게 되었습니다.

현재보다 더 나빠진 상태를 피하려는 '회피성 소비'
VS.
현재보다 더 나은 상태를 지향하는 '추구성 소비'

이 개념을 그림으로 표현하자면 다음과 같습니다.

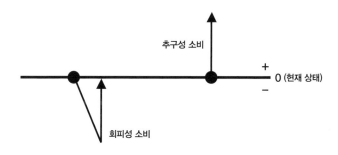

이 분류법을 설명하기 위해 이런 질문을 해보겠습니다.

"우리는 왜 매끼 밥을 먹을까요?"

다소 뜬금없는 질문이지만 그래도 답을 해보자면, 우리는 '살기 위해' 먹습니다. 누구나 아는 뻔한 답이지만, '뻔한 사실일수록 더 파볼 필요가 있다'는 저만의 소신(?)에 따라 이 뻔한 답을 조금만 더 살펴보겠습니다.

'부정의 부정은 강한 긍정'이라고 하죠? 저는 어떤 현상이나 대상의 속성을 조금 더 분명하게 이해하고자 할 때 이 방법을 즐겨 사용합니다. '강한 긍정'을 통해 다른 것과는 구분되는 고유의 속성이 더 잘 드러나기 때문입니다. 그렇다면 '살기 위해'라는 말에 부정의 부정을 더해보면 어떻게 될까요? '죽지 않기 위해'가 됩니다.

그렇습니다. 우리가 매끼 밥을 먹는 소비활동을 하는 이유는 '죽지 않기 위해서'입니다. 왜 우리는 '죽지 않고' 싶어 할까요? 살아 있는 현재의 상태가 '죽는 상태'보다 더 좋다고 느끼기 때문입니다. 즉, 인간이 밥을 먹는 행위는 미각적 즐거움 등 부수적인 만족감도 있지만, 근본적으로 죽음이라는, 현재보다 더 못한 상태가 되는 것을 회피하기 위한 소비활동으로 이해할 수 있습니다. 보통 '생필품'이 불리는 유형의 소비재가 바로 이러한 소비의 대상입니다.

하지만 인간이 밥만 먹고 살 수 있을까요? 보통은 식사 후에 커피나 다양한 디저트를 즐깁니다. 누군가는 '식후땡'이라며 담배를 피우기도 합니다. 왜 이러한 소비활동을 하는 것일까요? 죽지 않기 위해서? 식사 후에 커피나 디저트를 먹지 않았다고 사람이 죽는 일은 일어나지 않습니다. 게다가 담배는 피우지 않는 것이 오히려 더 '죽지 않는 데' 도움이 될 것 같네요. 그럼에도 이런 행위를 하지 않을 때보다 했을 때 보다 기분이 한층 더 좋아짐을 느낄 수 있기 때문에 이런 소비활동을 하는 것입니다. 생필품과는 전혀 다른 성격의 소비 유형이라 할 수 있죠.

세금 중에 '개별소비세'라는 것이 있습니다. 의미가 알쏭달쏭한데, 과거에는 '특별소비세'라 불렀다는 것을 떠올려보면 이해가 쉽습니다. 이 세금은 모든 재화 또는 용역 일반을 소비할 때 부과하는 일반 매출세와 다르게, '특별한 물품이나 용역에 대해서만 특별히 높은 세율을 적용'하는, 이름 그대로 '특별한' 소비세입니다.

이 특별한 소비세의 대상에는 어떤 것들이 있을까요? 주로 보석, 고급 가방, 오락용품, 골프장, 카지노, 심지어 자동차 중에서 배기량이 높은 승용차와 캠핑용 자동차도 그 대상이 됩니다. 현행법에서 이런 유형의 제품에 상대적으로 높은 세금을 부과하는 이유는, 바로 이러한 제품이나 서비스가 생필품과 다르게 '(일반적인 수준의 생활을 하는 데 있어) 필수불가결한(쓰지 않는다고 죽거나 하는 문제가 전혀 생기지 않는) 소비의 대상이 아니다'라고 보고 있기 때문입니다. '추구성 소비'는 바로 이러한 개념의 소비 유형에 해당합니다.

제가 제시하는 이 분류법의 기준점은 '현재 상태(0)'입니다. 인간의 다양한 소비활동은 현재를 기준으로 '현재보다 더 나쁜 상태(-)로 가는 것을 피하기 위해 하는 소비활동(회피성 소비)'과 '현재보다 더 나은 상태(+)로 가기 위한 소비활동(추구성 소비)'으로 이해할 수 있다는 점이 핵심입니다.

'회피'와 '추구'로 3가지 잠재욕구 분류하기

이제 가장 중요한 일이 남았습니다. 앞서 살펴본 인간의 3가지 잠재욕구를 이 '회피성 소비', '추구성 소비'라는 2가지 유형에 맞춰보는 일입니다.

현재 상태를 기준으로 더 나은 상태를 의미하는 +영역, 현재보다 더 나빠진 상태를 의미하는 -영역에 맞추어 이 3가지 욕구를 나란히 배열해보면 다음과 같은 모양이 됩니다.

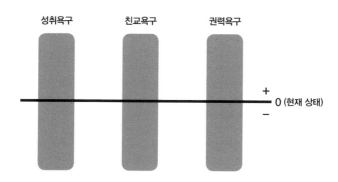

하지만 아직 한 가지 문제가 남아 있습니다. 각 욕구를 배열하는 순서에 대한 기준이 아직 없습니다. 가로축을 어떤 기준으로 설정하는 것이 합리적일까요?

- 자기만족과 관련이 있는 **성취욕구**
- 타인(인간, 동물, 물건 등)과의 상호작용과 관련이 있는 **친교욕구**
- 타인과의 주도권과 관련이 있는 **권력욕구**

다시 보니 **이 3가지 욕구는 '나', 그리고 나를 뺀 '나머지 대상'으로 이루어져 있음을 알 수 있습니다.** 성취욕구는 온전히 나의 만족감과 관련한 욕구입니다. 친교욕구는 나와 나를 뺀 다른 대상과 우호적인 상호관계를 유지하려는 욕구입니다. 권력욕구는 내가 다른 대상보다 더 우월한 위치에 있고 싶은 욕구인 셈입니다.

그렇다면 가로축의 중심을 '나'로 잡는 것은 어떨까요? 그러면 가운데 부분에 '성취욕구'가 자리 잡게 됩니다. 그리고 수평적 관계와 수직적 관계를 가로축의 양 끝에 배열하는 겁니다. 수평적 관계는 서로 우호적이고 평등한 관계를 뜻하니 친교욕구와 연관이 있고, 수직적 관계는 누군가 우월한 위치에 있는 관계이니 권력욕구와 연관됩니다.

이런 기준을 적용해 최종 분류를 하고 각각에 적당한 이름을 붙여보면 다음과 같은 틀이 완성됩니다.

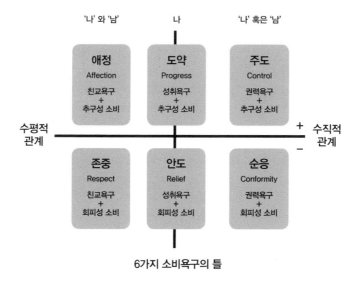

| | '나' 와 '남' | 나 | '나' 혹은 '남' |

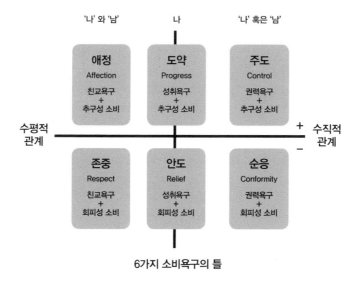

6가지 소비욕구의 틀

위의 6가지가 바로 소비자와 관련된 모든 동인을 만들어내는 기본적인 원소들입니다. 그리고 앞으로 소비자와 관련된 다양한 현상 이면의 본질을 고민할 때, 이 6가지 소비욕구를 기준으로 생각해보면 조금 더 쉽게 본질과 관련된 문제들을 발견할 수 있습니다.

3
6가지
잠재 소비욕구로
솔루션 찾기

이렇게 완성된 6가지 소비욕구의 틀을 어떻게 활용할 수 있을
까요? 먼저 두 가지 사항을 점검해봐야 합니다.

① 어떤 잠재욕구에 해당하는가?
- 나의 만족감과 관계된 것인지(성취욕구)
- 나와 남 사이의 상호작용과 관계된 것인지(친교욕구)
- 나와 남 사이의 주도권(주도하거나 따르거나)과 관계된 것인지
  (권력욕구)

② 어떤 소비유형에 해당하는가?

- 현재 상태보다 더 나은 상태를 추구하는 것인지 (+구간)
- 현재 상태보다 더 나빠지는 것을 회피하기 위한 것인지(-구간)

이 두 번의 점검을 통해 6가지 잠재 소비욕구 중 어디에 해당하는지 찾을 수 있습니다. 그럼 이제 적용을 해봅시다.

2016년 대한민국을 송두리째 흔들었던 '탄핵 촛불집회'를 아직 기억하시지요? 그때 저는 시민들의 어떠한 근본 욕구가 이러한 행동에 동참하게 만든 것인지 문득 궁금해졌습니다. 그래서 뉴스에 나오는 여러 시민들의 인터뷰에서 공통점을 찾으려고 유심히 살펴보았습니다.

질문. 어떤 이유로 이 촛불집회에 참여하시게 되었나요?

가. 사랑하는 우리 아이들에게 이렇게 말도 안 되는 세상을 물려줄 수는 없다는 생각이 들어 아이와 함께 참여하게 되었습니다. 아이에게 좋은 경험이 되었으면 해요. (아이를 안고 참여한 아이 엄마 A씨)

나. 이런 불의를 도저히 참을 수가 없어서, 모든 일을 뒤로 미루고 집회에 참여하게 되었습니다. 저의 참여가 더 나은 세상을 만드는 데 도움이 되었으면 좋겠네요. (한 달째 천막을 치고 집회에 참여 중인 아티스트 B씨)

다. 요즘 다들 참여하는 거 같아서, 저희도 기왕 주말에 만나는 김에 집회에 가보면 좋겠다 싶어서 오게 됐어요. 와보니 예상보다 평화롭고 분위기도 흥겨워서 오길 참 잘한 것 같네요. (데이트 겸 집회에 참가한 커플 C, D씨)

표현은 조금씩 다르지만, 촛불집회 참가자들의 답변은 대략 위의 3가지 유형으로 나눌 수 있었습니다. 그렇다면 각각의 답변에 대해 ①, ②의 두 가지 점검을 거친 후, 어떤 잠재 소비욕구가 들어 있는지 살펴봅시다.

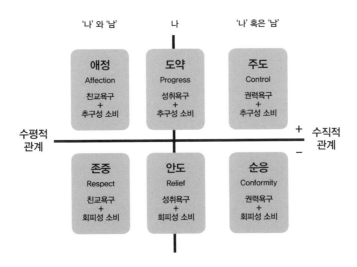

가. 사랑하는 우리 아이들에게 이렇게 말도 안 되는 세상을 물려줄 수는 없다는 생각이 들어 아이와 함께 참여하게 되었습니다. 아이에게 좋은 경험이 되었으면 해요.

① '나'의 만족을 위해 참여함: 성취욕구

② '말도 안 되는 세상'을 회피하기 위해 참여함: -구간

→ '안도' 욕구

나. 이런 불의를 도저히 참을 수가 없어서, 모든 일을 뒤로 미루고 집회에 참여하게 되었습니다. 저의 참여가 더 나은 세상을 만드는 데 도움이 되었으면 좋겠네요.

① '나'의 만족을 위해 참여함: 성취욕구

② '더 나은 세상'을 위해 참가함: +구간

→ '도약' 욕구

다. 요즘 다들 참여하는 거 같아서, 저희도 기왕 주말에 만나는 김에 집회에 가보면 좋겠다 싶어서 오게 됐어요. 와보니 예상보다 평화롭고 분위기도 흥겨워서 오길 참 잘한 것 같네요.

① 다른 참가자들을 보며 (뒤처지는 것 같아) 참여함: 권력욕구

② 우리만 빠지는 것 같은 상황을 회피하기 위해 참가함: -구간

→ '순응' 욕구

일반적으로 소비자의 한 가지 행동에는 2개 혹은 3개의 서로 다른 욕구들이 혼재되어 있는 경우가 많은데, 이 방법을 활용하면 하나의 현상 아래 숨은 몇 가지의 근본 욕구를 동시에 발견할 수 있습니다. 이렇게 진단한 두세 가지 욕구에 대해 각각 솔루션을 고민하는 것이 하나의 큰 문제를 근본적으로 해결하는 현실적인 방법이 될 수 있습니다. 하나의 현상에 대한 원인이 한 가지인 경우는 없다는 점 기억하시기 바랍니다.

우리가 촛불집회 주최자라고 가정해보겠습니다. 우리의 목표는 더 많은 시민들이 촛불집회에 참여하게 만드는 것입니다. 만약 앞서 살펴본 시민들의 구체적인 내면 욕구를 모른다면 어떤 마케팅 메시지를 선택하게 될까요? 기껏해야 '잘못된 세상을 바로잡자'는 추상적인 메시지가 되겠지요. 설득력이 떨어집니다.

하지만 앞의 3가지 욕구 정의를 활용하면 각각의 그룹에게 어떤 메시지를 전달해야 할지 보다 분명하게 판단할 수 있습니다.

가. 그룹에게는 '부모들이 적극적으로 참여할수록 우리 자녀들에게 보다 더 정상적인 세상을 물려줄 수 있다'는 회피성의 성취욕구에 맞는 메시지가 필요합니다.

나. 그룹에게는 '지금 집회에 참여하는 당신은 세상을 바꾸는 성숙한 민주시민'이라는 추구성 성취욕구를 자극하는 메시지가 필요합니다.

다. 그룹에게 필요한 것은 무엇일까요? SNS 마케팅에서 대세 상품을 소개하듯이 '지금 당신만 빼고 다들 참여하고 있다'라는 회피성 권력욕구를 자극할 메시지가 필요합니다.

이처럼 하나의 현상은 그 이면의 각기 다른 근본적 욕구들이 만들어낸 결과물의 합이라고 할 수 있습니다. 따라서 그 아래 깔린 욕구들을 볼 수 있어야 각각에 맞는 본질적이고도 분명한 방향의 해법을 고민할 수 있습니다. '아는 만큼 보인다'라는 말이 있지요? 저는 이 말을 조금 고쳐 '보이는 만큼 행할 수 있다'라고 말하고 싶습니다.

자, 이제 본격적으로 6가지 잠재적 소비욕구에 대해 살펴보겠습니다. 현재 고민하는 문제 가운데 아직 뚜렷한 동인을 찾지 못한 소비자 혹은 시장 관련 현상이 있다면, 이 6가지 잠재적 소비욕구 속에서 답을 찾아보면 어떨까요?

6가지 소비원소

성취욕구에 속하는

추구성 소비의 '도약욕구',
회피성 소비의 '안도욕구'.

이 두 욕구는 남과 무관하게
나 스스로가 느끼는 만족감 혹은
나 스스로가 느끼는 불안함과 관계된
소비욕구입니다.

1
도약욕구
: 성취욕구 + 추구성 소비

도약욕구란?

소비를 통해 스스로가 추구하는

현재보다 더 나은 상태에 도달하려는 잠재욕구

1) 도약욕구로 인한 현상들 ———

- 셀카 보정 앱을 애용하는 행태
- 자기계발, 다이어트 등 성취감을 추구하는 행태
- 스포츠 브랜드들의 다양한 러닝 이벤트

2) 도약욕구의 주요 속성

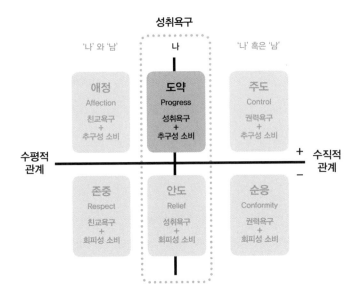

사람들은 크건 작건 저마다의 목표를 가지고 있습니다. 남들 눈에는 하찮아 보인다 해도 관계없습니다. 목표 달성을 통해 성취감을 느끼고 지금의 나보다 어떤 면에서든 더 나아졌다는 만족감을 느끼는 것이 목적이기 때문입니다.

추구성 소비를 통해 성취욕구를 드러내는 도약욕구는 이렇게 남과 관계없이 스스로가 느끼는 만족감을 추구하는 잠재욕구입니다.

● 76세 할머니의 꿈과 카메라 보정 앱

그림에 관심 있는 사람이라면 '모지스 할머니'라 불리는 미국 화가에 대해 들어본 적이 있을 것입니다. 미국인들이 가장 사랑하는 화가 중 한 명인 애나 메리 로버트슨 모지스. 그녀가 특별한 화가인 이유는 그림을 그리기 시작한 나이가 76세이기 때문입니다. 인생의 황혼기에 뒤늦게 자신의 꿈에 도전하여 80세에 개인전을 열고 100세에 세계적인 화가가 된 평범한 농장 할머니의 이야기는 그림 솜씨를 떠나 우리에게 뭉클한 감동을 선사합니다. 왜 우리는 모지스 할머니의 이야기에서 감동을 느끼는 것일까요?

어제의 나보다 조금이라도 더 나아지려는 모습이 중요한 것도, 늦은 나이에 꿈에 도전하는 어느 할머니 화가의 모습에 감동을 받는 것도, 인간이라면 누구나 보다 더 나은 자신의 모습을 추구하는 '고귀한' 욕구가 있기 때문입니다. 이 잠재욕구로 인해 장인들은 더 훌륭한 작품을 만들어 더 높은 경지를 추구하고자 스스로와 싸웁니다. 발레리나는 발톱이 빠지는 고통을 참아가며 동작을 섬세하게 가다듬습니다. 물론 이런 거창한 모습이 전부는 아닙니다. 소비자가 소비활동을 통해 충족하는 도약욕구에는 이보다 가벼운 것들도 얼마든지 존재하거든요.

"얘가 저였으면 좋겠어요!"

셀카와 관련한 여성 소비자들의 행동 양상을 조사한 적이 있습니다. 그러다 우연히 '셀카 보정 앱'을 알게 되었습니다. 셀카를 즐겨 찍는 여성들이 애용하는 대표적인 앱인데, 그 이유는 사진이 실제의 나보다 훨씬 더 예쁘게 나오기 때문입니다. 앱 성능이 워낙 좋다 보니, 이게 내 사진이라고 말하기 민망할 정도로 잘 나오는 경우도 있다고 합니다. 많은 여성들이 "이제 셀카 앱 없이는 셀카를 못 찍겠다"며 보정 앱을 즐겨 사용합니다.

그런데 왜 이들은 실제 자신과는 다른 모습을 사진으로 남기고 싶어 할까요? 다른 사람에게 보여주기 위한 것일까요? 글쎄요. 실제 내 모습과 다르다는 사실을 잘 알지만, 지금의 나보다 더 예뻐 보이는 모습이 만족스러운 것 아닐까요? 사진 속에서나마 내가 더 예쁜 사람이 된 것 같은 만족감을 주니까요.

따지고 보면 여성들이 매일 아침 화장이라는 번거로운 수고를 하는 것도 실제의 나보다 더 예뻐 보이기 위해서라는 같은 목적을 가지고 있습니다. 셀카 보정 앱은 손쉬우면서도 보다 극적으로 이러한 목적을 충족시켜주기 때문에 인기를 끌고 있다고 이해할 수 있습니다. 사진 속의 자신을 보고 "얘가 저였으면 참 좋겠어요!"라면서 이런 앱들에 열광하는 거죠.

이렇게 소비자들은 자기계발 같은 거창한 행동은 물론, 셀카 보정과 같은 소소한 행위를 통해 스스로가 목표하는 더 나은 모습을 추구하기 위한 다양한 소비활동을 하고 있습니다.

● **도약욕구의 원동력: '내적 보상'과 '몰입'**

그렇다면 이 도약욕구를 움직이는 원동력은 무엇일까요?

도약욕구를 조금 더 깊이 있게 이해하기 위해 '내적 보상'과 '몰입'에 대해 살펴볼 필요가 있습니다. 이유는 3개의 잠재욕구 가운데 친교욕구, 권력욕구와 다르게 이 **도약욕구가 속한 성취욕구는 '내적 보상**_{內的報償, Intrinsic Reward}**'을 추구하기 때문입니다.** 그렇다면 '내적 보상'은 무엇일까요?

주로 인적자원개발HRD 분야에서 자주 사용하는 용어인 내적 보상의 정의는 다음과 같습니다.

목적 달성에 대한 보상으로 다른 사람들에게 칭찬을 받거나 직접적인 대가가 있든지 없든지 간에 목적을 달성했다는 것 자체에 대해 <u>내적인 만족감, 성취감을 가지는 것을 의미한다.</u> 학습활동 자체와는 관계없이 타인에 의해서 통제되는 돈이나 음식 그리고 특권 등이 주어지는 것을 의

미하는 외적 보상과 대비되는 개념이다. _한국기업교육학회, 『HRD 용어사전』 중에서

이 내적 보상이 갖는 가장 중요한 속성은 과정 자체의 즐거움이 보상의 한 가지 형태가 될 수 있다는 점입니다. 남이 강제로 시켜서, 혹은 외적 보상 때문에 운동을 하는 사람에게 운동하는 매 순간은 그저 고통일지도 모릅니다. 하지만 스스로 만족스러운 자신의 신체를 만들기 위해 자발적으로 운동하는 사람에게는 운동 시간이 즐거움이자 보상 자체일 수 있다는 차이점에 주목해야 합니다.

그렇기에 우리는 소비자들의 도약욕구를 충족시키는 가치를 고민할 때, 이 욕구 충족을 위해 소비자가 경험하는 과정 자체를 내적 보상으로 바꾸어줄 수 있는 솔루션을 모색해볼 필요가 있습니다.

그 솔루션에 대한 힌트를 미하이 칙센트미하이Mihaly Csikszentmihalyi 교수의 '몰입Flow 이론'에서 발견할 수 있습니다. 이 이론에 따르면 무엇인가에 몰입할 때 느끼는 심리적 만족감이 중요한 내적 보상이 될 수 있습니다. 그리고 이 몰입 정도를 강화하는 방법으로 다음의 3가지를 제시하고 있습니다.

① 분명한 목표가 있는 활동에서 몰입이 잘 일어난다.

② 즉각적인 피드백이 주어지는 활동에서 몰입이 잘 일어난다.

③ 개인의 능력(기술 수준)과 미션(과제)의 난이도가 적절한 균형을 이루어야 한다.

위의 내용을 정리하자면 소비활동을 통해 도약욕구가 충족되기 위해서는 소비자들이 너무 어렵지도, 너무 쉽지도 않은 적절한 난이도의 과정을 경험하게 하고, 이 수고에 대한 즉각적인 피드백을 통해 스스로가 현재의 나보다 나아졌다는 만족감을 느낄 수 있도록 해야 합니다.

3) 도약욕구를 해결하는 소비자 가치 만들기 ───

그렇다면 이 개념을 어떻게 소비자 가치에 담을 수 있을까요?

소비자들의 도약욕구를 자극하는 여러 가지 마케팅이나 서비스 사례 등을 살펴보면 한 가지 흥미로운 공통점이 있습니다. 이 욕구가 충족되는 소비자들의 경험이 마치 게임처럼 구성되어 있다는 점입니다. 게임을 즐기는 것과 같은 즐거움을 제공하는 '게이미피케이션Gamification'이 도약욕구에 대한 대표적인 솔루션으로 여러 분야에서 활용되고 있는 이유는 무엇일까요?

그것은 **도약욕구를 충족시키는 가장 효과적인 방법이 충분한 몰입감을 통해 분명한 내적 보상을 제공하는 것이기 때문입니다.** 그리고 이러한 욕구에 부응하는 상품 혹은 서비스, 마케팅 캠페인을 개발할 때, 칙센트미하이 교수의 3가지 몰입 강화 방법을 가이드 혹은 체크포인트로 활용하기를 권장합니다.

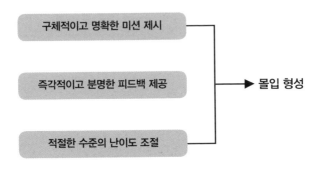

이제 국내에서도 많은 이들이 이용하는 '넷플릭스Netflix'에는 이러한 요소가 잘 구현되어 있습니다. 한신대 신광철 교수팀의 「게이미피케이션 메커니즘을 기반으로 한 드라마 몰아보기 시청 행태 분석: 넷플릭스 사례를 중심으로」라는 논문에 따르면, 넷플릭스는 게임적 요소를 활용해 사용자들이 드라마를 한 번에 10여 편씩 몰아보도록 유도하고 있다고 합니다.

'한 번에 드라마 한 작품 몰아보기'를 게임의 미션처럼 명확하게 인지하도록 만들고, 매회가 끝날 때마다 마치 게임의 각 단계를 클리어할 때 느끼는 피드백을 제공합니다. 그래서 특정 작품을 다 보면 해당 게임을 잘 끝낸 것 같은 성취감을 느끼게 해주죠. 게임 같은 개념을 도입한 점도 흥미롭지만, 특히 시장 진입 초기에 10여 편으로 구성된 드라마를 활용해 미션 수행을 유도했다는 점이 적절한 난이도 관점에서 숨겨진 신의 한 수라고 생각합니다. '하루 투자하여 드라마 한 작품을 다 보는' 미션이 이용자들 입장에서는 충분히 도전해볼 법한 경험이 될 수 있었겠죠.

● 러닝 이벤트에 숨겨진 '적절한 난이도'와 '즉각적인 피드백'

상품이나 서비스 외에, 소비자들의 도약욕구를 자극하는 마케팅 캠페인을 고민할 때도 앞서 살펴본 몰입 형성의 3가지 방법이 도움이 될 수 있습니다.

다양한 스포츠 브랜드들이 봄가을이면 다양한 러닝 혹은 하프 마라톤 이벤트를 개최하곤 합니다. '나이트 런'이나 '스파르탄 레이스' 등의 이벤트들은 참가자들에게 제시하는 미션은 각각 다르지만, 달리는 거리는 공통적으로 하프 마라톤인 경우가 많습니다. 실제 마라톤 거리인 42.195km가 일반인들에게는 상당히 부담스럽기 때문에 난이도 조절을 한 것이죠. 그리고 행사가 끝난 뒤에는 공연이나 파티 같은 이벤트가 이어진다는 공통점도 있습니다. 또 완주한 사람들에게는 기념 메달 같은 보상도 주어지고, 심지어 여성 참가자만을 타겟으로 한 러닝 이벤트에서는 결승선에서 모델 같은 외모의 훈훈한 남성들이 가운을 걸쳐주고 같이 사진을 찍는 모습도 본 기억이 있습니다. 성과에 대한 확실한 피드백을 제공하는 것이지요.

이러한 접근은 동영상 서비스나 스포츠 브랜드 마케팅뿐 아니라, 온라인 교육 콘텐츠나 다이어트, 심지어 셀카에 이르기까지 현재보다 더 나은 모습을 추구하는 소비자들을 대상으로 한 모든 것에 활용할 수 있습니다.

정리하자면, 인간은 타인과 관계없이 스스로가 목표로 하는 지금보다 더 나은 모습을 추구합니다. 그것이 실제보다 더 예쁘게 나온 사진 속 내 모습처럼 가벼운 것일 수도 있고, 꼭 달성해야 할 게임의 미션이나 건강한 자신의 모습일 수도, 자기 분야에서 거장의 반열에 오르려는 원대한 목표일 수도 있습니다.

이러한 모습 속에 숨겨진 욕구를 공략할 때는 **몰입을 통해 내적 보상을 제공해야 한다**는 점, 그리고 **분명한 목표, 적절**

한 난이도, 즉각적인 피드백이 중요하다는 점을 기억하고 활용하시기를 권하며 도약욕구에 대한 내용을 정리하겠습니다.

2
안도욕구
: 성취욕구 + 회피성 소비

'안도욕구'란?
스스로 느끼는 다양한 불안함을
소비를 통해 벗어나려는 잠재욕구

1) 안도욕구로 인한 현상들:

- 보험, 보안 서비스 등을 이용하는 행태
- 대용량 보조배터리를 구매하는 행태
- 심리적으로 기댈 수 있는 대상(방위기제)을 찾는 행태

2) 안도욕구의 주요 속성

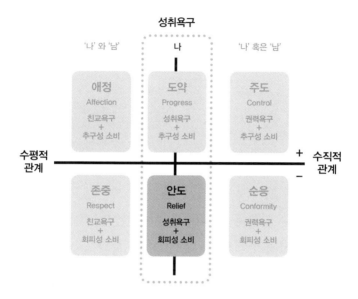

지금부터 살펴볼 '안도욕구'는 앞으로 생길지도 모르는, 현재보다 더 나쁜 상황을 피하려는 목적의 다양한 소비활동을 일으키는 잠재욕구입니다. 이 안도욕구의 핵심을 가장 잘 설명하는 단어가 바로 '불안함'입니다.

● 안도욕구의 원동력: 불안함 vs. 두려움

안도욕구의 핵심 동력인 '불안함'. 이 불안함은 얼핏 두려움과 비슷해 보입니다. 그런데 심리학에서는 불안함과 두려움의 차이를 이렇게 설명하고 있습니다.

① 두려움에는 두려움을 일으키는 위험물이 실재하지만, 불안함에는 불안의 구체적이고 분명한 대상이 존재하지 않는다.

② 두려울 때는 위험물로부터 회피(도망 혹은 극복)하려는 충동을 느끼지만, 불안할 때는 무력감을 느낀다.

이 차이를 통해 실재하는 위험에 대한 반응인 두려움과 다르게 **불안함은 실제로 존재하지 않는 상상된 위험물에 대한 주관적인 반응**이라는 점을 알 수 있습니다. 그렇기에 불안함에서 발생한 안도욕구가 만들어내는 모습들은 상당히 불합리해 보이는 특징이 있습니다.

몇 년 전, 새로운 개념의 휴대용 보조배터리 컨셉을 개발하기 위해 소비자 조사를 한 적이 있습니다. 그 조사를 통해 휴대용 보조배터리를 처음 구입하는 소비자는 주로 10,000mAh가 넘는 대용량 제품을 구매하는데, 이 중 상당수가 작은 용량의 제품을 추가로 구매한다는 독특한 패턴을 발견하게 되었습니다.

왜 그럴까요? 표면적인 이유는, 보조배터리를 구입할 때 소비자들이 우선은 '용량'을 따지는데, 실제로 사용하면서 '휴대성'이 중요하다는 점을 깨닫기에 추가 구매를 결심하게 된다는 것이었습니다. 매일같이 가지고 다닐 제품이니 휴대성을 먼저 따질 법도 한데, 왜 용량을 우선시하는 것일까요? 이 문제를 집중적으로 조사해보니, 배터리의 용량은 단순히 용량의 문제가 아니었습니다.

> ## "이렇게 용량이 큰 배터리가 생겼으니
> ## 앞으로 배터리 없어서 스마트폰이나
> ## 태블릿을 못 쓰는 불상사는 생기지 않겠지?"

이 조사에서 소비자들로부터 가장 많이 들었던 이야기는 "만약 ~할 수도 있잖아요"였습니다. 혹시라도 생길지 모르는 '배터리가 다 돼서 스마트폰이나 태블릿을 쓸 수 없는' 불안한 상황을 피하고자, 소비자들은 다소 무겁지만 용량이 큰 배터리를 구입하는 겁니다. 즉, 막연한 불안감을 없애기 위한 선택인 셈이지요. 이 숨은 이유를 알고 나니 대용량 배터리는 갖고만 있어도 든든함을 주는 '행운의 부적'처럼 느껴지네요.

그렇다면 두려울 때는 위험물로부터 회피(도망 혹은 극복)하려는 충동을 느끼는데, 불안할 때는 무력감을 느낀다는 것은 어떤 의미일까요?

● 타조 효과 vs. 가르시아 효과

행동재무학Behavioral Finance에는 '타조 효과'라는 용어가 있습니다. 부정적인 재무정보를 무시하는 투자자들의 공통 성향을 뜻하는 용어입니다. 타조는 위험을 감지하면 도망치기보다 모래에 머리를 파묻는다고 알려져 있는데, 소비자들이 불안함을 느낄 때 하는 여러 행동을 살펴보면 타조의 모습과 비슷한 점이 많습니다.

여기서 우리는 이런 이상한 행동을 통해 불안함을 해소하려는 이유에 주목해야 합니다. 심리학의 한 분야인 이상심리학異常心理學, Abnormal Psychology의 연구에 따르면, 인간의 여러 가지 회피 행동은 잘못된 학습에 의해 형성된 트라우마와 연관성이 높다고 합니다. 대표적인 예가 '가르시아 효과Garcia Effect'입니다. '미각 혐오 학습'이라고도 불리는 이 가르시아 효과는 하버드 대학교의 심리학자 존 가르시아John Garcia가 1955년 쥐를 대상으로 한 실험을 통해 알려졌습니다. 어렸을 때 굴이나 우유를 먹고 체한 경험이 있는 경우, 성인이 되어서도 굴이나 우유를 못 먹는 이유를 설명하는 개념입니다.

하지만 **안도욕구는 학습된 방법에 의해 위험의 실체를 회피하려는 행동과는 전혀 다른, 막연한 불안함의 대상을**

단순히 부정하고자 하는 욕구에서 기인한다고 합니다. 이를 설명하는 흥미로운 실험이 하나 있습니다. 쥐를 상자에 가둬놓고 두 가지 통로를 열어둡니다. A는 무사히 빠져나갈 수 있는 통로이고, B는 들어가는 순간 엄청난 전기 쇼크가 가해지는 통로입니다. 실험에 사용된 쥐들은 이미 이 두 가지 통로에 대한 학습이 완료된 상태로, 어느 통로로 나가야 위험에서 벗어날 수 있는지 잘 알고 있습니다.

상자 속 쥐들에게 일반적인 강도의 위험을 가하면 쥐들은 자연스레 A통로로 빠져나가는 선택을 했습니다. 그런데 다급한 위험(예컨대 앞 실험보다 더 빠르고 사나운 고양이를 상자에 넣는 등)에 노출시킬 경우, 상당수의 쥐가 더 큰 위험인 줄 알면서도 B통로를 선택한다는 놀라운 결과가 나옵니다.

이러한 이상 행동의 원리는 '감추기'입니다. 불안함을 느낄 때 우리는 빠져나갈 합리적인 방법을 찾는 게 아니라, 그 대상을 '감추어' 시야에서 사라지게 만들고 싶은 무기력한 반응을 하도록 만들어져 있다는 것입니다. 처음 만나는 낯선 적이 나타나면 공격하거나 도망가지 않고 몸이 돌처럼 굳어버리는 악어나, 위험에 처하면 얼굴만 모래에 파묻는 타조와 다를 바가 전혀 없는 셈이지요.

그렇기에 우리는 소비자의 안도욕구를 대할 때 그들이 감추고 싶어 하는 불편한 대상이 무엇인지를 파악함으로써 실마리를 풀어갈 수 있습니다.

3) 안도욕구를 해결하는 소비자 가치 만들기 ───

소비를 통해 불안함에서 벗어나려는 안도욕구. 그렇다면 우리는 어떻게 소비자들의 이 욕구에 대응할 수 있을까요?

안도욕구가 반응하는 소비자 가치를 만들기 위해 필요한 것은 이성에 소구하는 합리적인 해결방안이 아닙니다. 소비자가 감추고 부정하고 싶은 막연한 불안함의 실체로부터 심리적으로 벗어나도록 해주는 것입니다. 그래서 다음의 2가지 방법이 필요합니다.

① 막연한 불안함의 대상과 자연스럽게 마주하게 만들기
② 기댈 수 있는 심리적 안전장치(방위기제) 제공해주기

국내의 한 자동차보험 회사의 사례를 통해 이를 알 수 있습니다.

"모바일 보험은 진짜로 불편할까?"

최근 자동차 보험업계의 주요 화두는 모바일입니다. 기존에는 전화 상담을 통해 가입을 유도하는 방법TM이 주를 이루었는데, 이제는 보험사들마다 CM이라 부르는 모바일 다이렉트 보험의 비중을 늘리려는 목표를 세우고 있습니다. CM은 TM과 혜택은 동일하지만 보험료가 더 저렴합니다. 소비자가 직접 가입하는 방식이라 전화로 가입 상담을 해주는 직원들의 수수료가 반영되지 않기 때문인데, 보다 저렴한 가격으로 동일한 혜택을 제공할 수 있다는 장점 때문에 최근 자동차보험 회사들은 이 CM 채널을 선점하려고 경쟁하고 있습니다.

그런데 공통된 고민거리가 하나 있습니다. 이런 가격적인 장점이 있음에도 소비자들은 여전히 TM이 더 편리하다고 느낀다는 겁니다. 소비자들은 타겟 인터뷰나 설문조사에서 하나같이 "CM은 TM보다 편의성이 떨어져서 선호하지 않아요"라고 말하고 있었습니다. 이것이 사실이라면 모바일을 통해 좀 더 편하게 보험에 가입할 수 있도록 모바일 서비스의 사용성 개선이 필요합니다. 하지만 리서치 초반에 이 회사의 모바일 보험 가입 앱 등은 이미 충분히 편리하게 잘 만들어져 있음을 발견했습니다. 타 보험사, 심지어 다른 업종의 모바일 서비스와 비교해도 손색없었죠.

그래서 저는 이 소비자들의 답변에 의구심을 갖기 시작했습니다.

"혹시 불편할 것 같다는
막연한 '불안함'이 원인은 아닐까?"

이를 확인하기 위해 '모바일 보험 가입 무경험자들'과 '모바일 보험 가입 유경험자들'에 대한 데이터를 비교하기 시작했습니다. 그리고 굉장히 중요한 사실이 숨겨져 있음을 발견했습니다. 제가 주목한 데이터는 바로 '모바일 설계율(모바일을 통해 모의로 가격과 혜택을 확인하는 가입 직전까지의 단계)'이 올라갈수록 '모바일 가입률'도 함께 증가하며, 최근 3년 동안 설계비율과 가입률이 동반 상승하고 있다는 것이었습니다.

실제로 써본 사람들은 이 모바일 보험이 가격과 혜택이 좋고 가입하기도 쉽고 편하다고 느끼기에 CM을 통한 재가입이 늘고 있는 상황이었습니다. 그런데도 CM 유입률이 전체적으로 낮은 것은 모바일 보험을 경험해보지 못한 사람들이 막연한 불안함에 'TM보다 불편할 거야'라고 지레 짐작하기 때문이지요. 이것이 낮은 유입률의 진짜 원인, '동인'이었습니다.

그런데 다른 모바일 서비스는 잘도 이용하면서, 자동차보험 가입에서는 왜 이렇게 불안함을 느끼는 것일까요? 사실 이것은 자동차보험만의 문제는 아닙니다.

"TM은 뭔가 케어받는 느낌이라고 할까요?
특히 부동산, 은행, 보험 같은 전문성이 느껴지는 것들은
모바일보다 고객응대 서비스를 더 찾게 되는 것 같아요.
안심이 되기도 하고, 편하기도 하고요."

아무리 모바일이 편하다고는 하지만, 자동차보험뿐 아니라 부동산, 은행, 각종 보험과 같은 서비스는 여전히 고객들이 전화 가입 상담을 선호한다는 공통점이 있습니다. 이들 서비스가 다른 모바일 서비스에 비해 상대적으로 금액이 크고, 관여도가 높은 상품이기 때문에, 내가 가입 중 실수를 하면 나에게 큰 손해로 돌아올지 모른다는 불안함이 있기 때문입니다. 게다가 관련 용어도 생소하기에 이 불안함은 더 커지게 됩니다. 그래서 누군가의 도움이 절실해지고, 자연스럽게 상담사가 있는 TM을 선호하는 것이지요.

그렇기에 이런 업종에 계신 분들은 소비자들의 안도욕구를 풀어주기 위해, 고객이 느끼는 '막연한 불안함'이 무엇인지를 파악하고 마케팅에서 이를 활용할 필요가 있습니다.

그렇다면 이 자동차보험사는 어떤 솔루션을 도출했을까요?

● **"해보면 참 쉬운데…" 단 한 번의 경험 만들기 프로젝트**

첫 번째 솔루션은 실제 내 차가 아닌 자동차 게임의 형태로 모바일 자동차보험 가입 과정을 경험해보게 하자는 것이었습니다. 자동차 가격이 높을수록 할인율이 더 커지기에, 사람들이 흥미를 느낄 만한 자동차가 무엇일까 고민하다 보니 자연스레 '슈퍼카'가 생각이 났습니다. 그래서 이런 마케팅 아이디어가 도출되었습니다.

"남자들의 로망, 슈퍼카!
자신들이 꿈꾸는 슈퍼카를 골라보고 모바일 다이렉트 보험으로 게임을 하듯 그 슈퍼카의 보험을 설계해보게 함으로써 가입이 얼마나 쉽고 할인금액이 얼마나 큰지를 자연스럽게 알 수 있도록 하자."

이 마케팅 캠페인의 가장 중요한 포인트는 실제 내 차가 아닌 드림카의 보험을 모바일로 설계하게 한다는 점입니다. 그렇기에 실수에 대한 막연한 불안함 없이 동일한 과정을 거치게 되는 것이지요. 게임 같지만 실제와 똑같은 과정을 경험함으로써 소비자들의 막연한 불안함이 별것 아니라는 사실을 알게 하는 효과가 있었습니다. 상담심리학에서 불안 심리를 치료하는 방법으로 제시하는 '불안함의 대상을 실재하는 두려움의 대상으로 한정시켜 직접 경험하게 만들어라'는 것과 같은 이치의 해법입니다.

● 모바일 보험 가입, 스타가 도와드립니다!

두 번째 솔루션은 소비자가 심리적으로 기댈 수 있는 대상을 제공하자는 것이었습니다. 이를 통해 내가 실수하지 않도록 도와주고 내가 설령 실수하더라도 바로 문제를 해결해줄 수 있는 든든한 동반자가 모바일 보험을 가입하는 과정에서 동행하도록 하자는 마케팅 아이디어가 도출되었습니다.

그 결과, 해당 보험사의 모델인 인기 남녀 연예인이 모바일 보험 앱을 켜는 순간 아이콘으로 등장하여, 모르는 용어를 터치하면 그 내용이 어떤 뜻인지 음성으로 설명해주거나, 실수를 하게 되면 친절하게 대응해주고, 앞으로 몇 가지만 더하면 끝난다고 격려해주는 서비스를 제안하게 되었습니다.

든든한 대용량 배터리, 합격 부적처럼 불안함을 달래기 위해 심리적으로 기대는 대상을 심리학에서는 '방위기제防衛機制'라고 부릅니다. 방위기제는 '합리적인 적응에 실패했을 때 자아가 쓰게 되는 불합리한 적응수단, 도피 및 일종의 자기기만'을 의미하는데요, 이 방위기제의 역할은 자신이 불안함을 느끼는 대상이 눈에 띄지 않도록 가려주는 것이라고 보면 되겠습니다. 그것 덕분에 소비자들은 보고 싶지 않은 대상을 보지 않을 수 있죠. 비록 남들 눈에는 '저런다고 뭐가 달라지나' 싶을지 모르지만요.

현재보다 더 나쁜 상황에 처할지 모른다는 불안함에서 벗어나려는 회피성 소비의 안도욕구. 이 욕구를 해결하기 위해서는 합리적인 해결책이 아니라 소비자들이 불안해하는 대상으로부터 심리적으로 벗어나게 해주는 솔루션이 가치를 갖는다! 이렇게 정리하겠습니다.

친교욕구에 속하는
추구성 소비의 '애정욕구', 회피성 소비의 '존중욕구'.

이 두 욕구는 타인과의 상호작용에서
남에게 관심과 사랑을 줄 때 느끼는
심리적 안정감 혹은
남으로부터 관심과 사랑을 받을 때 느끼는
심리적 안정감과 관계된
소비 욕구입니다.

3
애정욕구
: 친교욕구 + 추구성 소비

'애정욕구'란?

남을 위한 소비를 통해

만족감을 얻으려는 잠재욕구

1) 애정욕구로 인한 현상들

- 반려동물, 반려식물 등을 기르는 행태

- 키덜트 등 다양한 취미생활을 즐기는 행태

- 기부, 봉사활동, 착한 회사의 제품을 구매하는 행태

2) 애정욕구의 주요 속성

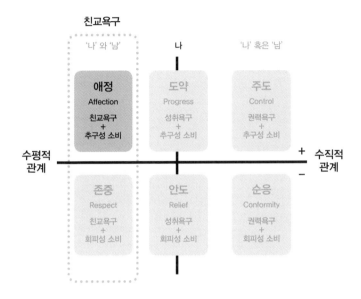

"보리야, 생일 축하해! 지금처럼 건강하고 예쁘게 자라주렴!
네 덕분에 항상 행복해. 언제나 예쁜 보리, 사랑해!"

누가 봐도 사랑하는 이에게 건네는 생일 축하 메시지입니다.
그런데 '보리'는 사람이 아니라 어느 반려견의 이름입니다. 재미
있는 사실은 이 훈훈한 장면이 실제 생일 축하 자리가 아니라,
SNS에서 일어나는 '라방'(라이브 방송의 준말)의 한 장면이라는 점

입니다.

보리는 '보다나(보리, 다다, 나무) 가족'의 엄마인 포메리안종의 강아지로, 외모가 출중해 '김태희 보리'라는 별명도 있으며, SNS 팔로워 수도 웬만한 유명인 부럽지 않을 만큼 많습니다. 보리의 일상을 담은 사진 한 장에 사람들은 애정 가득한 답글을 남기고, 늦은 새벽에도 보리의 라방에 참여하여 "예쁘다", "사랑스럽다" 등의 칭찬을 해줍니다. 심지어 보리에게 간식 등 선물을 보내는 친절한 분들의 모습도 심심치 않게 보입니다. 사실 저도 보리의 팬입니다. 쉴 틈 없이 바쁜 하루를 보낸 어느 날 새벽, 피곤한 몸으로 누워서 보리의 라방을 보다 문득 이런 생각이 들었습니다.

"내가 왜 이 새벽에 잠은 안 자고
남의 집 강아지를 보며 웃고 있지?"

그 이유는 보리의 모습을 보면서 다소나마 힐링되는 느낌을 받기 때문인데요, 그러고 보니 저뿐 아니라 다른 사람들도 "보리 덕분에 힐링되었어요"라는 글을 꽤 자주 남기곤 했습니다.

소비자들은 '힐링을 위해' 여러 가지 소비를 합니다. 취미활동을 하거나 무언가를 수집하기도 하며, 반려동물이나 '마리모' 같은 반려식물을 기르기도 합니다. 어떤 사람들은 바쁜 시간을 쪼개 봉사활동을 하며 뿌듯함을 느끼기도 하고, 노숙자들이 판매하는 잡지인 「빅이슈」를 구매하거나, 기왕이면 제품을 하나 구매할 때마다 같은 제품이 기부되는 착한 회사의 제품을 고르기도 합니다.

언뜻 무관해 보이는 소비자들의 이런 행동은 결국 하나의 동일한 욕구를 충족시키는 서로 다른 모습들입니다. 그리고 이러한 소비활동을 만들어내는 잠재욕구가 바로 지금 살펴보고 있는, 친교욕구와 추구성 소비경향이 만들어낸 애정욕구입니다.

● **애정**Affection **VS. 애착**Attachment

애정욕구를 쉽게 설명하자면, **내가 아닌 남을 위해** (그것이 사람이건 동물이건 물건이건) **돈이나 시간과 노력을 들이며 만족감을 얻으려는 욕구**입니다. '남을 위해 소비한다'는 점 때문에 자칫 '인간은 날 때부터 착한 존재다'라고 주장하는 동양사상의 성선설과 비슷한 개념으로 오해하기 쉽지만, 애정욕구를 조금만 깊게 살펴보면 성선설과는 전혀 다른 이야기임을 알 수 있습니다.

애정욕구의 본질을 이해하기 위해 비슷한 개념인 '애착'과 비교해볼 필요가 있는데요, 영국의 정신과 의사 존 볼비John M. Bowlby 가 1951년 처음 제안한 '애착 이론Attachment Theory'은 '영아가 주양육자와 형성하는 강한 정서적 결속인 애착이 영아의 생존 및 심리, 사회적 발달에 중요한 영향을 미친다'는 이론입니다.

> 볼비에 의하면 애착이란 영아기에 발생하는 가장 중요한 형태의 사회적 발달이자, 영아와 양육자 간에 형성되는 치밀한 정서적 결속이다.
>
> 양육자와 안정적으로 애착을 형성한 아동은 빨기, 울음, 미소, 매달리기, 따라다니기와 같은 초기 사회적 신호체계 및 물리적 접촉 행동을 통해 애착 대상을 '안전 기지Security Base'로 삼게 된다.
>
> 이후 영아는 자신과 타인, 그리고 세상에 대한 인지적 상들을 발달시키게 된다. 이는 내적 작동 모델로서, 친밀한 대인 관계 및 전반적인 사회적 관계에 영향을 미친다. 아울러 정서적 안정 및 조절, 자기 조절과 대인 관계의 토대가 된다. (출처: 두산백과)

애착의 가장 중요한 속성은 '안전 기지'라는 말에서 알 수 있듯이 애착 대상을 통해 '심리적인 안정감'을 추구한다는 것입니다. 인간의 천성이 착해서 일어나는 행동이 아니라 스스로 심리적인 안정감을 얻기 위해서 일어나는 행동이 바로 이 애착인 셈입니다.

그렇다면 애정과 애착은 어떻게 다를까요? 애착은 한자로 '愛 着'이고, 사전상의 뜻은 '몹시 사랑하거나 끌리어서 떨어지지 아 니함. 또는 그런 마음'인데요, 공교롭게도 '어떤 것에 늘 마음이 쏠려 잊지 못하고 매달림'을 의미하는 '집착執着'과 같은 '착' 자를 쓰고 있습니다.

애착과 애정을 비교하자면, 애착은 아직 생존 능력이 없는 유 아가 자신을 보호해줄 양육자에게 기대고 매달리려는, 생존을 위 한 생물학적 본능입니다. 그렇기에 상호작용이라기보다는 매달 린다는 의미에 가깝다고 이해할 수 있습니다. 실제로 애착을 연 구하는 사람들은 '불안정 애착'이라는 영유아의 잘못된 행태도 함께 연구하고 있습니다. 그리고 이러한 유아들의 모습은 상당 부분 성인들의 지나친 집착 증세와도 비슷하다고 합니다.

반면 애정은 애착이라는 영유아의 본능이 사회화 과정을 통 해 양육자를 넘어서 자기 주변에 있는 사물 또는 사람에 대해 주 도적으로 좋은 관계를 형성하고, 이를 통한 친밀감으로 정서적인 안정을 추구하는 진화된 개념으로 이해할 수 있습니다.

즉, '정서적 안정감'을 추구한다는 점은 같지만, 애착은 생존을 위해 타인에 '매달리는' 행동으로 나타나고, 애정은

자신이 주체가 되어 사물이나 사람을 '돌보는' 행동으로 나타난다는 근본적인 차이점을 보이고 있는 것입니다.

그렇기에 소비자들의 애정욕구를 자극하기 위해서는 자발적으로 돌보고 에너지를 쏟을 수 있는 대상을 제공하여, 이를 통해 그들이 정서적인 안정감을 느낄 수 있도록 하는 시도가 필요합니다. 특히 최근처럼 많은 소비자가 정서적 공허함을 느끼는 시대에는 이러한 욕구를 충족시킬 수 있는 대상을 제공하거나 마케팅 캠페인에 활용하는 것이 의미가 크다고 할 수 있습니다.

3) 애정욕구를 해결하는 소비자 가치 만들기 ───

소비자들의 애정욕구가 반응하는 가치를 상품이나 서비스를 개발하거나, 마케팅에 활용하는 방법에 관하여 소개하기에 앞서, 한 가지 고정관념을 주의하시라고 말씀드리고 싶습니다.

**공익적인 제품이나 마케팅이
애정욕구를 충족시키는
유일한 방법은 아니다.**

표면적으로 애정욕구는 나보다 남을 돌보는 방식으로 충족되기에 자칫 우리의 생각이 공익성을 추구하는 방향으로 흐르기 쉽습니다. 하지만 이 잠재적인 욕구가 추구하는 가장 본질적인 목적은 앞서 살펴본 것처럼 '심리적 안정감'이기 때문에, 우리는 소비자들에게 심리적 안정감을 느낄 수 있는 돌봄 대상을 제공하는 것을 가장 중요하게 생각해야 합니다. 이때 다음의 두 가지를 살펴보시기 바랍니다.

① '즐거운 귀찮음' 제공하기
② '수고로움'의 틈새에서 기회 발견하기

① '즐거운 귀찮음' 제공하기

소비자들의 주머니 사정이 넉넉지 못한 요즘이지만, 연휴나 휴가철에 해외여행을 즐기는 여행객 수는 점점 늘고 있습니다. 이러한 추세에 맞추어 한 국내 대기업과 함께 여행 관련 모바일 서비스에 대해 고민한 적이 있습니다. 개인적인 생각인데, 모바일 서비스 기획자들은 한 가지 재미있는 특징이 있는 것 같습니다. 소비자들의 '불편함Pain Point'에서 답을 찾으려는 경향이 유독 강하다는 점입니다. 업의 특성상 이런 접근이 결코 나쁜 것은 아닙니다. 하지만 '만드는 사람의 눈에 불편해 보이는 것들이 사용자에게도 꼭 나쁜 것만은 아니다'는 점은 염두에 두어야겠죠.

당시에도 어김없이 사람들이 여행을 준비하는 과정, 여행지에서 즐기는 과정, 여행에서 돌아온 이후의 과정이라는 각 단계에서 어떤 불편함을 느끼는지 세부적으로, 일목요연하게 조사를 진행했습니다. 그러다 보니 참 뻔하기 그지없는 아이디어들만 떠오르는 상황이 생겼습니다. 사실 진단이 뻔하니 아이디어가 뻔한 것은 너무도 당연하지요. 그래서 방법을 바꾸어보기로 했습니다. 여행지까지 따라갈 수는 없지만, 여행을 계획하는 소비자들을 찾아 그들의 여행 준비 경험에 동참하기로 한 겁니다. 그러면서 자연스럽게 경쟁업체로 생각하는 모바일 서비스도 써보도록 유도하면서 반응이나 의견을 들어보기로 했습니다.

이 조사를 통해 발견한 중요한 사실은, 소비자들이 수많은 정보를 검색해가며 여행 계획을 짜는 일들을 귀찮고 번거롭다고 여기는 게 아니라 상당히 즐겁게 받아들인다는 점이었습니다. 물론 이런 과정이 귀찮은 사람들은 아예 사전 준비도 하지 않겠지요. 하지만 적어도 무언가 준비하고 계획하는 사람들은 대부분이 이런 과정을 즐긴다는 공통점이 있었습니다.

사실, 앞서 말한 뻔한 아이디어는 여행 가기 전에 추천 여행지를 보기 편하게 골라주고(큐레이팅), 여행 가서 찍은 사진을 간편하게 정리해주는 모바일 여행 서비스였습니다. 하지만 실제 소비자들의 여행 준비 과정을 옆에서 지켜보니 이 아이디어가 얼마나 '개발자 마인드'다운 것인지 반성하게 되었습니다.

> **"여행은요, 가기 전에는 준비하면서 설레고요,**
> **가서는 행복하고요,**
> **다녀와서는 (사진을 보며) 추억하는 즐거움이 있어요!"**

결론적으로 우리의 아이디어는 '편리함'이라는 미명하에 이 '설렘'을 빼앗는 아이디어였던 것이었습니다. 이처럼 소비자들이 무언가 정서적인 안정감을 추구하는 소비활동을 할 때, 그것과 관련된 여러 가지 귀찮은 것들이 실제로는 그들에게 즐거움이 되는 경우가 많습니다. 그렇기에 소비자들의 애정욕구에 반응하는 가치를 극대화하기 위해서는 소비자들이 수고를 들여야 하는 다양한 것들을 보다 풍성하게 즐길 수 있도록 만들어주는 고민이 필요합니다.

② '수고로움'의 틈새에서 기회 발견하기

> **"왜 요즘 유독 고양이 기르는 사람이 많을까요?"**

얼마 전 반려동물과 관련한 마케팅 아이디어 회의에서 이런 질문을 받았습니다. 여러 복합적인 원인이 있겠지만, 1인 가구가 늘어난 것이 중요한 원인이 아닐까 생각하고 있습니다.

강아지와 고양이는 반려동물의 대명사라고 할 수 있는데요, 혼자 두면 왠지 미안해지는 강아지들에 비해, 고양이들은 주인을 자기 시중 들어주는 집사로 본다는 우스갯소리를 할 정도로 혼자만의 시간도 그럭저럭 잘 보내는 특징이 있습니다. 이런 점 때문에 1인 가구일수록 강아지보다 고양이를 반려동물로 선택할 가능성이 높은 게 아닐까 싶네요. 고양이가 강아지에 비해 애정욕구를 충족시키는 더 쉬운 대안으로 선택된 것이지요.

그렇다면 고양이보다도 손이 덜 가면서 1인 가구 소비자들의 애정욕구를 충족시켜줄 수 있는 대상은 없을까요? 저는 '마리모'라는 식물이 좋은 예라고 생각합니다. 아직 마리모가 생소한 분들도 있을 텐데, 일종의 이끼라고 보면 됩니다. 작고 동글동글한 귀여운 모습의 마리모는 처음에는 과연 커질까 싶을 정도로 작습니다(대략 5~8mm). 그런데 물만 가끔씩 갈아주면 될 정도로 손이 덜 가고, 심지어 수돗물을 넣어줘도 아침저녁으로 차이가 느껴질 만큼 금세 자란다고 하네요. 물 위에 둥둥 떠 있는 모습이 귀여워서 멍하니 바라보고 있으면 제법 힐링되는 기분이 든다고 합니다. 어떤 소비자가 퇴근하고 집에 와서 마리모와 대화할 때가 하루 중 가장 행복한 시간이라고 말했던 것이 유독 기억에 남습니다.

속담에 '목마른 사람이 우물을 판다'고 합니다. 저는 여기에 살짝 보태서 '더 목마른 사람일수록 더 깊은 우물을 판다'고 말하고 싶습니다. 같은 애정욕구지만 그 욕구의 크기는 소비자 각자의 상황에 따라 다르고, 그 크기가 욕구 해결을 위한 수고로움을 어느 정도까지 받아들일지를 결정하기 때문입니다. 이 크기의 차이를 살펴보고, 비어 있는 틈을 발견하는 것이 시장기회를 발견하는 데 큰 도움이 될 수 있습니다.

여기서 기억할 점은 '수고로움'이란 단순히 귀찮음을 떠나 비용과 노력을 포함한다는 점입니다. 쉽게 말해 더 많은 비용과 시간과 노력을 감수하는 소비자일수록 더 강렬한 애정욕구를 가지고 있다고 보면 되겠습니다. 그렇다면 수고로움의 정도를 기준으로 애정욕구를 충족시켜주는 솔루션들을 나열해보면 어떻게 될까요?

가장 덜 수고로운 대상으로 마리모가 있고, 그 위에 고양이가, 그 위에 강아지가 있을 것 같습니다. 그리고 그 위에 키덜트들의 수집품이 있고, 그 위에 하이엔드 오디오나 고급 의자 같은 제품들이 있고, 가장 높은 위치에는 국내에서 점차 시장을 늘리고 있는 수억 원대의 슈퍼카들이 자리 잡고 있을 것입니다. 종류는 제각각이지만 이러한 것들을 소비하는 목적은 정서적 안정감을 얻는 것이기에, 같은 애정욕구를 해결하는 솔루션으로 볼 수 있습니다.

이 계층구조 속에도 많은 틈새가 존재합니다. 마리모보다 덜 수고로운 대상이 있을 수 있고, 고양이와 강아지 사이에 다른 반려동물이 들어갈 수도 있겠죠. 이처럼 틈새에서 답을 찾을 수 있다는 점을 꼭 기억하셨으면 좋겠네요.

정리하자면, 인간은 누구나 자신을 제외한 다른 대상을 위해 소비를 하면서 만족감을 얻으려는 애정욕구를 가지고 있습니다. 그리고 그 만족감은 본질적으로 자신의 '정서적 안정감'을 추구합니다. 그런 만큼 **소비자들이 다른 대상을 위한 소비활동을 통해 정서적 안정감을 찾을 수 있도록 도울 수 있는 효과적인 방법에 대해 고민해보시기를 제안합니다.**

4
존중욕구
: 친교욕구 + 회피성 소비

'존중욕구'란?

타인에게 인정받지 못하는 불편한 상황을

소비를 통해 회피하려는 잠재욕구

1) 존중욕구로 인한 현상들

- 혼술을 즐기는 행태
- 인형뽑기방, 탕진잼 등의 소비 행태
- 나르시포비아

2) 존중욕구의 주요 속성

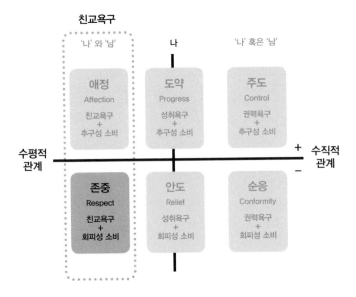

존중욕구는 한마디로 내가 남들에게 제대로 인정받지 못할까
봐 두려움을 느끼는 상황을 소비를 통해 회피하려는 욕구입니다.
같은 친교욕구에 속하는 애정욕구와 존중욕구의 가장 큰 차이점
은 자신이 주도하여 다른 대상을 보살펴주려는 애정욕구와는 반
대로, **남들로부터 보살핌. 애정. 인정 등을 받음으로써 남과
동등한 인간으로 존중받고 있다는 만족감을 원한다는 것
입니다.**

그리고 **존중욕구는 주도적으로 남을 돌보는 것이 아니라. 무언가에 정서적으로 의지하는 '애착' 혹은 '집착'의 방식을 통해 충족됩니다.** 게다가 존중욕구가 제대로 충족되기 어려운 최근의 상황들 속에서 이러한 경향은 더욱 심해지는 모습을 보이고 있습니다.

● **혼밥 그리고 혼술**

얼마 전 한 주류회사에서 20대 여성 직장인들의 음주 양상에 관한 리서치를 진행했습니다. 제가 이들의 다양한 음주 모습을 조사하며 이런저런 이야기를 듣다 보니, 요즘 유행인 혼술에 대해서도 자연스럽게 알 수 있게 되었습니다.

혼밥과 혼술은 같은 종류의 행위일까요?

아마 많은 분들이 혼밥과 혼술은 비슷한 것이라고 생각할 것입니다. 겉보기에는 혼자 무언가를 먹거나 즐기는 모습이라는 공통점이 있으니까요. 하지만 조사를 진행하면서 혼술은 혼밥과 전혀 다른 행위라는 점을 알게 되었습니다.

이 조사를 통해 발견한 여성들의 혼술 상황을 이야기해보자면, 20대 여성 직장인들은 회사 회식이 있는 날 집에 와서 혼술을 하는 경우가 많으며, 주로 노트북이나 TV로 좋아하는 영화나 예능 프로그램을 다시보기 하면서 약간의 안주를 곁들여 맥주 한 캔 (보통 수입 맥주)을 즐기는 형태로 혼술을 한다고 합니다.

회식을 마치고 집에 와서 또 술을 마신다? 소비자 인터뷰에서 처음 이 말을 들었을 때, 속으로 이런 생각을 했습니다. '이 여자 분, 보기와 다르게 엄청 애주가인가 보네!' 하지만 비슷한 이야기 가 여러 소비자의 입에서 공통되게 나오는 것을 보고 이에 대해 심층적으로 살펴보기 시작했습니다.

회식 자리. 직급이 낮을수록 괴롭고 직급이 높을수록 즐거운 자리라는 건 많이들 동의하시지요? 회식 자리에서 20대 여성 직 장인들은 어떤 일을 겪었고 어떤 기분이 들었을까요? 또한 회식 을 마치고 집에 오며 무슨 생각을 했을까요? 알 수 없는 우울함이 나 공허함이 드는 경우가 적지 않다는 이야기를 들었습니다.

알고 보니 혼술은 술 마시는 것이 목적인 행위가 아니었습니 다. 밖에서 유난히 치이고 기분이 우울한 날, 사람들과의 관계에 서 공허함을 느낀 날, 나 스스로를 달래는 셀프 위로이자 일종의 치유 의식이었습니다. 내가 편할 때, 내가 먹고 싶은 것을 내 위주 로 먹기 위한 혼밥과는 전혀 다른 욕구가 숨어 있는 것이지요.

그렇다면 혼술 외에 스스로를 위로하는 다른 소비활동에는 어떤 것들이 있을까요? 소소하게 낭비하는 재미를 뜻하는 '탕진 잼', 그리고 한때 유행했던 인형 뽑기나 인생은 한 번뿐이니 현재를 즐기자는 태도인 YOLO 등이 자신의 허전함을 채우려는 혼술과 같은 목적의 소비활동이라고 볼 수 있습니다.

● 상실감과 존중욕구

앞서 최근에는 소비자들이 존중욕구를 제대로 충족시키기 어려운 상황이라고 했습니다. 왜 그럴까요? 일단 여러 사회적 상황이 존중받는 기분을 느끼기 어렵게 만듭니다.

보통 사람들처럼 결혼?

보통 남자친구?

아! '보통'이라는 건 너무도 눈부셔!

_ 일본 드라마 〈별볼일 없는 나를 사랑해주세요〉 중에서

졸업하면 당연히 취업을 하고, 때가 되면 당연히 연애를 하고 결혼을 하는, 당연한 것이 당연하지 못한 요즘이지요. 팍팍한 현실 앞에서 여러 가지를 포기하는 젊은 소비자들에게 '보통'이라는 평범함이 오히려 눈부시게 느껴지는 것은 어찌 보면 당연합니다. 이러한 세상에서 타인에게 존중받고 있다고 느낄 수 있을까요?

더욱 중요한 사실은 최근 사람과 사람 사이의 관계도 본질적으로 크게 변하고 있다는 점입니다. 이러한 변화를 잘 설명하는 책으로 크리스틴 돔벡Kristine Dombek의 『자기애적 사회에 관하여: 자아도취적이고 이기적인 사람들에게 지친 당신에게』라는 철학 에세이를 소개해드립니다.

이 책에서 크리스틴 돔벡은 과거에는 이상 성격으로 여겨지던 '자기애성 성격장애'인 나르시시즘 성향이 현대인들에게 보편화 되었다고 이야기합니다. 이 책에서 처음 소개된 개념인 '나르시 포비아Narciphobia'는 보편화된 나르시시즘 성향에 대해 서로가 느끼는 불편함과 두려움을 의미합니다. 이 두려움으로 인해 인간관계에서 친교욕구를 충족시키기는 거의 어려워지고, 오히려 다른 사람에게 가까이 다가갈수록 서로에게 상처만 남기게 되는 세상이 되었다고 합니다. 마치 가까이 다가가면 서로를 더 아프게 찌르는 고슴도치처럼 말이지요.

그래서 현대인들은 인간관계에서 안정감은커녕 더 큰 상실감을 느끼고 있습니다. 그리고 이 상실감을 회피하기 위해 타인에게 기대는 아니라 무언가를 소비하며 스스로를 달래는 셀프 위로를 하는 독특한 모습을 보이고 있습니다. 쓸쓸하지만 분명한 요즘 소비자들의 소비양상입니다.

이 부분이 소비자들의 존중욕구와 관련하여 기업들이 가장 중요하게 생각해야 할 대목입니다.

3) 존중욕구를 해결하는 소비자 가치 만들기 ——

소비자들의 존중욕구를 충족시켜주는 가장 좋은 방법은 원칙적으로는 소비자들이 다른 사람으로부터 사랑받고 있고 존중받고 있다고 느끼게 만드는 것입니다. 하지만 앞서 지적했듯, 날카로운 가시로 무장한 고슴도치 같은 요즘 소비자들을 서로 가까이 다가가게 만드는 것은 오히려 이 존중욕구를 충족시키는 데 마이너스가 될 수 있습니다.

그렇다면 소비자들에게 어떠한 솔루션을 제공하는 것이 좋을까요? 다음의 두 가지 방법을 제안해봅니다.

① Together Alone: 유리벽 쌓아주기
② 감정 조절 장치 제공하기

① Together Alone: 유리벽 쌓아주기
'유리천장'이라는 표현이 있습니다. 눈에는 분명 보이는데 절대 닿을 수 없는 목표를 말할 때 자주 쓰는 표현입니다. 그런데 이 유리천장을 아래로 내려 사람과 사람 사이에 놓아주면 어떨까요?

최근 혼자 시간을 보내는 사람들을 위한 다양한 장소들이 생기고 있습니다. 혼밥하기 좋은 식당도 있고, 시내 한복판의 쇼핑몰 안에 혼자 앉아 책 읽기 좋은 대형 도서관도 있습니다. 이런 장소들을 자세히 살펴보면 한 가지 재미있는 특징이 있습니다. 사방이 훤하게 뚫려 있다는 점입니다. 혼자만의 시간을 제대로 보내려면 독서실처럼 칸막이가 쳐진, 타인과 차단된 공간이 좋을 것 같은데, 왜 이렇게 개방된 공간에 사람들이 모여드는 것일까요?

서로에게 다가갈수록 상처가 되는 나르시포비아의 시대라고는 하지만, 본질적으로 인간은 사회적 동물입니다. 그렇기에 어떤 무리에 속해 있으면서 친교 관계를 유지하고 싶어 하는 것은 어쩔 수 없는 본능입니다.

한창 화제가 되었던, 쇼핑몰 한가운데 위치한 대형 도서관에 가본 적이 있습니다. 규모보다 놀라웠던 것은 큰 테이블 하나에 서로 모르는 사람들이 앉아 각자만의 시간을 보내는 모습이었습니다. 서로 말을 걸거나 가까이 다가가려는 시도는 없지만, 마치 서로의 존재를 통해 안정감을 느끼고 있다는 생각이 들었습니다. 모르는 사람이지만 누군가와 이곳에 함께 있기에 외롭지 않다는 아주 약한 친교 관계가 생긴 셈인데요, 칸막이 공간에 혼자 있을 때는 느낄 수 없는 이 작은 만족감을 위해 사람들은 혼자만의 시간을 보낼 때도 이런 개방된 공간을 선호한다고 이해할 수 있습니다.

이와 비슷한 개념을 미국의 사회학자 그라노베터Mark Granovetter 교수가 저서 『약한 유대관계의 힘』에서 소개했습니다. 바로 '약한 유대관계Weak ties'라는 개념인데, 그는 실제 친분 있는 사이는 아니지만 온라인으로 맺어진 느슨한 관계를 말했습니다. 그런데 온라인에서뿐 아니라 같은 공간을 공유하며 혼자지만 혼자가 아닌 기분을 느끼는, 유리벽을 사이에 두고 서로의 존재만 확인할 뿐 절대 닿을 수 없는 대형 도서관 이용자들의 관계도 약한 유대관계라는 개념으로 이야기할 수 있겠습니다.

실제로 혼자가 익숙한 요즘 소비자들에 대한 해법으로 뉴욕대학교 사회학과의 에릭 클라이넨버그Eric Klinenberg 교수는 그의 저서 『고잉 솔로 싱글턴이 온다』에서 '따로 또 같이Together Alone'를 언급하기도 했습니다.

정리하자면 서로에게 상처만 주는 요즘 소비자들이 서로에게 사랑받고 있고 존중받는 존재라는 느끼게 해주는 방법은 이들 사이에 투명한 유리벽을 만들어, 서로의 존재를 통해 의지할 수 있지만 일정 범위 안에는 다가올 수 없도록 안전장치를 만들어주는 것이라고 할 수 있습니다.

이런 개념을 어떻게 활용할 수 있을까요? SNS를 통해 같은 곳으로 혼자 여행 온 사람들이 자신의 생각을 나눌 수 있게 하거나, 맥주회사의 경우라면 각자의 공간에서 자사의 맥주를 마시는 다른 사람에게 위로 메시지를 보내게 하는 마케팅에 활용할 수도 있겠습니다.

하지만 꼭 디지털적인 방법만 있는 것은 아닙니다. 홀로 여행하는 사람들이 서로 위로와 응원의 메시지를 남길 수 있는 낙서판 같은 것을 두는 것도 한 방법이 될 수 있겠죠. 중요한 것은 서로가 서로에게 위로와 존중감을 주지만 직접 닿지는 않게 만드는 것입니다.

② 감정 조절 장치 제공하기

앞서 친교욕구를 설명하며 『스눕』이라는 책을 소개했습니다. 그 책에 나오는 '감정 조절 장치'라는 개념의 사물도 함께 설명했는데, 그 사물은 사람들이 느끼는 부정적인 감정을 다독여주는 가치가 있는 물건이었습니다.

사물이나 스스로를 통해 존중욕구를 충족시키는 요즘 소비자들. 이들의 존중욕구를 기업들이 잘 풀어줄 수 있는 방법은 누군가의 따스한 온기가 필요한 순간에 사람을 대신하여 소비자를 다독여줄 '감정 조절 장치'를 제공하는 것입니다.

제가 한 식품회사에 아침식사 대용으로 애용되는 죽 제품에 대한 마케팅을 제안한 적이 있습니다. 리서치를 해보니 이 죽을 즐겨 찾는 소비자 중에 신입사원들이 꽤 있었는데, 아직 눈치 보이는 회사 자리에서 가볍지만 든든하게 후딱 먹기 좋다는 점 때문이었습니다. 그래서 저는 식품회사에 작은 죽 한 그릇을 먹는 동안 볼 수 있는 짧고 유쾌한 모바일 웹툰을 제공하자고 제안했습니다. 죽 뚜껑을 열면 나오는 코드를 입력해서 모바일 웹툰을 볼 수 있게 하는 것이었습니다. 허겁지겁 배를 채우기는 하지만 고된 하루를 버틸 수 있는 작은 즐거움을 주는 '감정 조절 장치'를 선사하자는 아이디어였죠.

이렇게 생각해보면 여러분의 상품이나 서비스가 사람을 대신하여 소비자들의 존중욕구를 충족시켜줄 방법은 얼마든지 있습니다. 우리 회사의 제품이나 서비스가 어떻게 하면 소비자들의 '감정 조절 장치'가 될 수 있을지, 그 타겟과 방법에 대해 고민해 보시면 어떨까요?

정리하자면, 존중욕구는 적극적으로 다른 대상을 보살피려는 애정욕구와 정반대의 욕구인데, **이 욕구를 충족시킬 때 최근 소비자들은 사람보다 소비활동이나 셀프 위로를 선호하는 독특한 경향을 보이고 있다**는 점을 알아두면 되겠습니다.

권력욕구에 속하는

추구성 소비의 '주도욕구',
회피성 소비의 '순응욕구'.

이 두 욕구는 타인과의 비교에서
내가 주도적인 상황에서 느끼는 우월감 혹은
타인의 우위를 인정하고 순응할 때 느끼는
소속감과 관계된
소비욕구입니다.

5
주도욕구
: 권력욕구 + 추구성 소비

'주도욕구'란?

소비를 통해 자신이 남들보다 더 주도적인 상황에 있다고

느끼고 싶은 잠재욕구

1) 주도욕구로 인한 현상들

- SNS에서 더욱 많은 '좋아요'를 받기 위한 다양한 행동(허세샷 등)
- 주목받기 위한 목적의 제품 구매 혹은 행동
- 트렌드세터들의 유행 확산 행태

2) 주도욕구의 주요 속성

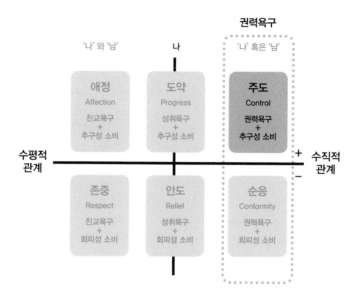

주도욕구는 데이비드 매클러랜드의 3가지 잠재욕구 중 남과의 주도권 다툼과 관계된 권력욕구에 해당합니다. 같은 욕구에 속하는 회피 성향의 소비욕구인 '순응'과 다르게, 남보다 더 우월하고 주도적인 위치를 적극적으로 추구한다는 차이점을 보입니다.

● **카페인 우울증: SNS와 주도욕구**

이러한 주도욕구가 만들어내는 여러 가지 흥미로운 현상을 손쉽게 발견할 수 있는 곳이 있습니다. 바로 SNS입니다. 공유와 소통의 공간인 SNS는 누구나 '평등하게' 소통할 수 있는 열린 공간 같지만, 실제로 이곳에서는 평등함과는 거리가 먼, 밀고 당기는 주도권 다툼이 빈번히 벌어집니다.

이러한 다툼이 만들어낸 신조어가 있습니다. 바로 '카페인 우울증'이라는 말입니다. 커피와 관련된 우울증으로 오해하기 쉬운데, 여기서 말하는 '카페인'은 한국인이 많이 쓰는 대표적인 SNS인 카카오스토리, 페이스북, 인스타그램의 머리글자를 딴 것이라고 하더군요. 그런데 이 카페인 우울증이 우리나라에만 있는 것은 아닙니다. '소셜미디어 우울증Social Media Depression' 혹은 '페이스북 우울증Facebook Depression'이라고도 불리는 이 현상은 전 세계에서 공통적으로 나타나고 있다고 합니다. 인간의 근본 욕구가 인류 공통의 것이니, 이 현상은 어쩌면 당연해 보이기도 합니다.

SNS로 인한 이런 우울증에 대해 여러 나라의 기관들이 다양한 연구를 진행하고 있고 있습니다. 특히 영국의 왕립공중보건학회The Royal Society of Public Health가 2017년에 14세에서 24세의 남녀 1500명을 대상으로 5대 주요 SNS와 관련한 이들의 행동을 연구했는데, 그 결과가 흥미롭습니다.

연구 결과에 따르면 SNS를 자주 들여다보는 사람일수록 자존감, 그중에서도 자신의 신체와 관련된 자존감이 낮다고 합니다. 특히 유튜브에 비해 '스냅챗Snapchat'과 '인스타그램'을 즐겨 사용하는 사람일수록 이러한 경향이 더 크다고 하네요. 왜 그럴까요? 사진 위주의 포스팅으로 이루어진 인스타그램을 살펴보면 이해가 쉽겠네요. 인스타그램 사용자들이 포스팅해놓은 여러 사진을 유형화해보면 크게 다음의 두 가지로 나눌 수 있습니다.

나 스스로 보기 위한 것인지(내부 지향적)
남에게 보여주기 위한 것인지(외부 지향적)

'나만의 사진 일기' 같은 목적으로 비공개 계정으로 사진을 올리거나, 공개 계정이라도 스스로 추억하기 위해 올리는 것이라면, 남에게 보여주기가 아닌 자신이 보기 위한 행위가 되겠지요. 하지만 이런 유형은 상대적으로 적습니다. 상당수의 포스팅은 어떤 의도를 가지고 연출된 사진입니다. 즉 누군가에게 보여주기 위해 '수십 장 찍어서 한두 장 건진 사진'으로 올리는 포스팅이 대부분이라는 점은 누구나 공감할 것입니다.

육아의 고됨은 숨기고 아기의 예쁜 모습이나 평온한 일상을 담은 '연출된' 사진을 올리는 '젊줌마들(젊은 아줌마들)', 자신의 소유도 아닌 지인들의 고급차를 찍어 올리는 사람들, 이들이 바라는 것은 결국 더 많은 '좋아요'를 받는 것입니다. 이를 통해 남들이 나를 주목하고 부러워하고 있음을 확인함으로써 자신이 남들보다 우월한 위치에 있다는 만족감을 얻으려는 것이지요.

카페인 우울증은 이 주도권 싸움에서 밀려난 사람들이 겪는 증세로 이해할 수 있습니다. 보란 듯이 올려놓은 남의 사진을 보고 '좋아요'를 누르며 이들이 느끼는 것은 아마도 소외감과 초라함일 것입니다. 어쩌면 '좋아요'가 아니라 '부러워요'를 누른 건지도 모르겠네요.

● 덕후 vs. 트렌드세터: '자기만족' 혹은 '주목'

예전에 한 유통기업이 새로운 주 고객으로 보통 '덕후'라 불리는 '마니아'를 선택했습니다. 그리고 자신들의 덕후 마케팅에 대해 저에게 간단한 조언을 부탁했죠, 저의 첫 대답은 "이 고객들은 덕후가 아닙니다"였습니다. 제 대답에 담당자분들이 하도 당황을 해서 다소 미안하기까지 했던 기억이 아직도 납니다. 하지만 정말로 그 소비자 집단은 절대 '덕후'라고 볼 수가 없었습니다. 왜 그럴까요?

마니아들에게는 한 가지 독특한 성향이 있습니다. 바로 폐쇄성입니다. 마니아들 혹은 덕후들이 가장 싫어하는 것이 무엇일까요?

내가 가지고 있는 것을 남이 가지고 있거나, 내가 아는 것을 남들도 아는 것입니다. 그렇다면 거꾸로 덕후들이 가장 추구하는 것은 무엇일까요? 남들에게는 없고 나만 가지고 있는 것, 혹은 남들은 모르는데 나만 알고 있는 정보입니다. 그렇기에 덕후들에게 자신들의 수집품이나 지식을 통해 남들에게 주목받고 싶은지 물어보면, 보통 이런 대답이 돌아오곤 합니다.

"그런 거 별로 관심 없는데요?"

그래서 덕후들은 자신 안에, 혹은 관심사를 공유한 소수의 무리 안에 정보를 가두어놓는 경우가 많습니다. 자신들 외에 남들이 아는 것을 원치 않거든요. 이런 이유로 마니아 문화는 폐쇄성과 배타성의 문화라고 할 수 있습니다.

그런데 앞서 그 유통기업이 택한 덕후 소비자들은 자신들이 찾은 맛집 정보를 SNS에 공유하며 '좋아요'에 신경 쓰는 '맛집 덕후', 요즘 뜨는 패션 아이템을 남들보다 먼저 구매하여 남들에게 소개하는 '패션 덕후'였습니다. 즉, 남들에게 주목을 받고 이를 통해 자신이 우월하다는 만족감을 느끼고 싶어 하는 사람들이었습니다.

이렇게 보니 덕후의 폐쇄성과는 다르게 타인과의 비교를 염두에 두는, 전혀 다른 욕구의 방향이 보이지요? 이러한 사람들을 지칭하는 정확한 용어가 있습니다. 바로 '트렌드세터Trend Setter'입니다. 폐쇄적인 자기 만족을 추구하는 덕후와 다르게 이들은 자신이 선점한 여러 유행이나 정보 등을 적극적으로 남들에게 소개해 확산시키는 역할을 하는 사람들입니다. 그리고 이런 활동을 적극적으로 하게 만드는 욕구가 바로 이 주도욕구입니다.

그렇기에 특정 소비양상이 주도욕구로 인해 생긴 것인지를 확인할 때는, 이 만족감이 스스로를 위한 것인지 아니면 남들보다 우위에 있기 위한 것인지를 꼭 따져보아야 합니다.

3) 주도욕구를 해결하는 소비자 가치 만들기

주도욕구를 해결해주는 소비자 가치를 담기 위해 다음의 두 가지를 기억해야 합니다.

① 주도권 없는 상황에서 주도권 쥐여주기
② 소비자가 실제로 주도할 수 있는 다양한 옵션 제공하기

① 주도권 없는 상황에서 주도권 쥐여주기

예전에는 택시를 타려면 무작정 기다리다 지나가는 택시 중 하나를 잡아야 했습니다. 유독 춥거나 더운 날에 택시가 자주 안 다니는 길에서 무작정 택시를 기다리는 것만큼 고역인 일도 없었죠. 하지만 요즘에는 굳이 이런 수고를 할 필요가 없습니다. 바로 '카카오택시' 때문입니다.

공항이나 관광지에서는 바가지 택시요금이 항상 문제가 됩니다. 소비자가 바보여서 이런 바가지를 당하는 것은 결코 아니죠. 바가지 택시요금의 주된 원인은 주도권이 소비자가 아니라 택시기사에게 있다는 점입니다. 관광객들은 주변 지리를 잘 모르니 요금이 얼마 나올지 가늠하기도 어렵고, 거기다 택시 잡기가 쉽지 않은 곳이라면 요금에 대한 주도권은 이동수단과 정보를 장악한 택시기사에게 넘어가버리는 겁니다.

얼마 전 운전면허가 없는 지인이 제주도 여행을 다녀왔습니다. 언제나 택시 때문에 여행이 불편했는데, 이번 여행은 아주 만족스러웠다고 하더군요. 카카오택시 덕분이었다는데, 관광지를 둘러보다 미리 콜을 넣어놓으면 원하는 곳으로 바로 태우러 오기 때문이지요. 게다가 이동하는 중간에 요금도 바로바로 앱으로 확인하니 바가지를 쓸 일이 애초에 없습니다. 카카오택시 덕분에 이제 택시승객들은 새롭게 주도권을 쥐고 소비활동을 하게 되었는데, 이런 비슷한 상황은 여러 업종에서 찾아볼 수 있습니다.

의류 매장에서 옷을 사려는데 내가 원하는 사이즈가 없는 경우가 있죠. 이때 점원에게 물어보면 다른 매장에는 그 사이즈의 재고가 있다고 알려주곤 합니다. 이 점원이 다른 매장의 재고 상황을 파악할 수 있는 것은 바로 매장마다 전산으로 연결된 재고 정보가 있기 때문이지요. 그리고 이 정보는 직원들만 볼 수 있습니다. 만약 이 정보를 고객들이 볼 수 있도록 열어준다면 어떻게 될까요? 자신의 원하는 옷이 있는 매장을 선택해서 갈 수 있기 때문에 무작정 방문하는 예전보다 훨씬 더 상황의 주도권을 쥘 수 있게 되겠죠? 실제로 일본의 한 의류 브랜드가 이런 정보를 소비자에게 오픈하여 큰 호응을 얻었습니다.

이제 여러분의 제품 혹은 서비스와 관련하여 소비자가 주도권을 갖고 있지 못하는 상황은 없는지 살펴보고, 바로 그 상황을 기회로 활용하시기 바랍니다.

② 소비자가 주도할 수 있는 실제 옵션의 다양성

다음으로 중요한 것은 소비자가 주도할 수 있는 실제적인 옵션의 다양성입니다. 이 개념이 중요한 이유는 담당자의 눈에는 충분한 옵션을 제공하고 있는 것처럼 보이지만 실제로는 정반대인 경우가 생각보다 많기 때문입니다.

　일반 남성들을 100여 종의 꽃을 판매하는 꽃가게에 데려갔다고 가정해보겠습니다. 그리고 마음에 드는 5가지의 꽃을 골라보도록 하면 어떨까요? 꽃에 관심과 지식이 있는 남성을 제외한 보통의 남성들은 난감하다 못해 곤혹스러운 기분마저 들 것입니다. 반대로, 자동차나 전자제품 등 많은 남성들이 관심을 보이는 제품 매장에 데려가 같은 미션을 수행하게 하면 상황은 전혀 달라지겠지요?

　소비자의 선택의 옵션은 '본인들이 감당할 수 있는 범위 안에 있을 때만 유효하다'는 점을 이해해야 합니다. 이에 대한 흥미로운 개념이 있는데, 바로 '선택 의욕 상실Choice Demotivation'입니다. 컬럼비아 대학교의 아이엔가Sheena S. Iyengar 교수와 스탠퍼드 대학교의 레퍼Mark R. Lepper 교수가 공동으로 연구한 「인간의 선택에 대한 연구When Choice is Demotivating: Can One Desire Too Much of a Good Thing?」에 따르면, 선택 가능한 옵션이 많다고 무조건 소비자가 느끼는 선택의 여지가 많아지는 것은 아니라고 합니다. 어떤 경우에는 오히려 선택에 대한 의욕상실이 일어나기도 한다고 해요. 더 살펴보면, 24개 혹은 30개에 달하는 선택지를 주는 것보다 오히려

6가지로 한정된 선택지를 주었을 때, 사람들의 선택 욕구와 선택에 따른 결과물의 질이 향상되었습니다(실험에서는 잼과 초콜릿 등 식료품을 고르는 상황과 대학생들이 리포트 주제 등을 고르는 상황을 이용했습니다).

이 연구의 중요한 결과는 인간의 제한된 정보처리 능력 때문에 선택이 필요한 상황에서 한정된 정보만을 감당할 수 있다는 것입니다. 그리고 인간은 보통 자신이 알고 있는 지식과 경험을 통해 정보를 처리한다는 점을 감안하면, 소비자들의 주도욕구를 온전하게 충족시켜주기 위해서는 소비자들이 잘 알고 있는 정보를 적당한 양만큼 제공하여 주도적으로 선택할 수 있는 여지가 많다고 느끼게 만들어야 합니다. 남성들에게 수많은 꽃을 보여주며 선택권을 주는 것은 진정한 의미의 옵션이 아닌 셈이지요.

쉽게 적용해볼 수 있는 예로 이동통신 요금제를 들 수 있습니다. 수많은 상품과 옵션이 존재하지요. 이동통신사 입장에서는 고객들에게 이미 충분할 정도로 주도권을 제공하고 있다고 생각할지 모르겠습니다. 하지만 이름부터 생소하고 어려운 정보가 쏟아질 때, 소비자들은 과연 자신들이 주도할 수 있는 옵션이 많다고 느낄까요? 오히려 소비자들의 필요에 맞는 제한된 요금제를 제공하고 이 안에서 쉬운 말로 설명된 세부사항을 본인이 결정하도록 하면 어떨까요? 그제야 진정한 의미의 옵션 다양성이 생길 것 같습니다.

그렇다고 요금제의 종류 자체를 줄이라는 뜻은 아닙니다. 다만 선택 상황에서 노출되는 다양한 선택지를 적절한 기준으로 최소화해보자는 것입니다. 본인에게 맞는 요금제만 볼 수 있게 하거나, 몇 가지 큰 카테고리를 먼저 보여주는 것 등이 무작정 많은 선택지를 그대로 보여주는 것보다 더 효과적이라는 것이지요.

정리해보자면, **'주도욕구로 인해, 소비자들은 자신이 주도적으로 고를 수 있는 실제적인 옵션이 다양하고 선택을 통해 본인들의 입지가 우월해졌다는 것을 직접 확인할 때, 가치를 느낀다'**고 할 수 있겠습니다.

6
순응욕구
: 권력욕구 + 회피성 소비

'순응욕구'란?

소비를 통해 본인이 주도권을 쥘 수 없는 불편한 상황에서

벗어나려는 잠재욕구

1) 순응욕구로 인한 현상들 ────

- 유행에 뒤처지지 않으려고 하는 여러 행동(맛집 탐방, 인싸템 등)
- 권위의 법칙
- 동료 효과

2) 순응욕구의 주요 속성

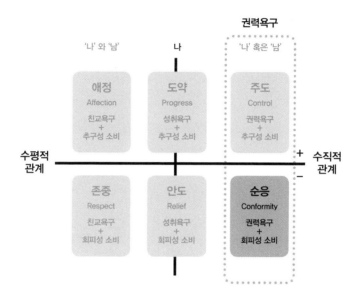

순응욕구는 남들보다 우위를 점하려는 주도욕구와 함께 '권력욕구'에 속하는 소비욕구입니다. 하지만 반드시 기억해야 할 중요한 차이점이 있습니다. **순응욕구는 '아무리 보아도 내가 절대 갑이 될 수 없는 상황'이라고 판단될 때에만 작동하는 회피 성향의 소비욕구라는 점입니다.**

즉 내가 주도권을 쥘 가능성이 있는 상황에서 소비자는 주도욕구를 보이지만, 본인들이 결코 '갑이 될 수 없는' 특수한 상황에

놓일 때, 이 불편한 상황을 회피하기 위해 드러내는 욕구가 순응욕구라고 보면 됩니다.

그렇다면 어떤 상황에서 내가 절대 갑이 될 수 없다고 판단하게 될까요? 중국 역사가 사마천이 지은 『사기』에는 이런 말이 있습니다.

> **"인간은 상대의 재산이 열 배가 되면 헐뜯고**
> **백 배가 되면 두려워하고,**
> **천 배가 되면 사환이 되고,**
> **만 배가 되면 노예가 되려 한다."**

'열 배'와 '만 배'의 차이. 이 차이로 인해 한번 다투어보겠다는 주도욕구가 노예가 되겠다는 순응욕구로 바뀐다는 점을 섬뜩하리만큼 잘 짚어낸 명언이 아닐까 싶습니다. 순응욕구를 이해하려면 열 배가 아닌 만 배 차이가 나는 소비 상황을 먼저 살펴봐야겠죠.

● 인증샷: 자랑 혹은 순응

대형 쇼핑몰이나 번화가에 가보면, 모바일 메신저의 캐릭터용품을 파는 곳부터 SNS에서 입소문 난 맛집에 이르기까지, 유독 사람들이 줄을 길게 서 있는 곳들이 보입니다. 한번은 유명 캐릭터용품 매장에서 사람들이 어떤 물건들을 보는지, 그곳에서 특이한 행동을 하지는 않는지 호기심이 생겨 매장으로 들어가봤습니다. 대부분의 고객은 제품 구매보다는 사진 찍느라 바쁜 모습이었습니다. 특히 사람 몸집보다 훨씬 더 큰 대형 캐릭터 인형과 사진을 찍으려고 순서를 기다리는 사람들이 길게 줄 서 있는 모습이 보였습니다. 왜들 이렇게 이 캐릭터와 사진을 찍으려는 것일까요?

Q. 이렇게 줄 서서 기다리며 인형과 사진을 찍으려는
특별한 이유가 있나요?
A. 자랑하려고요.

제가 이날 가장 많이 들었던 답은 '자랑하려고요'였습니다. '자랑'이란 남들에겐 없고 나에게만 있는 것, 남들은 못하는데 나만할 수 있는 것, 이런 것을 뽐내는 행위 아니던가요? 자랑거리와 자랑거리가 아닌 것은 '남에게 드러내어 뽐낼 만한지' 아닌지에 따라 나뉩니다. 그런데 누구나 줄만 서면 무료로 사진 찍을 수 있는 곳에서 사진을 찍으며 '자랑하려고' 찍는다? 이건 전형적으로 소비자들이 스스로 만들어낸 '그럴싸한 이유'가 되겠죠.

이런 식으로 누군가에게 보여주려고 찍는 사진을 '인증샷'이라고 합니다. 그리고 인증샷에는 두 종류가 있습니다. 하나는 남들이 모르는 소위 핫한 장소와 물건을 '남들보다 먼저 경험했다'는 것을 알리기 위한 인증샷입니다. 이런 행동은 '주도욕구'로 인해 생긴다고 보면 되겠죠. 그리고 방금 살펴본 예시는 이런 목적과는 정반대로 '요즘 대세니까 나도 와봤다'인데, 많은 사람들이 방문한다는 'SNS 명당'에서 사진을 찍는 행위나, 유행처럼 많이들 갖고 있는 물건인 '인싸템'을 한 번쯤 사보고 싶은 마음이 드는 것 등이 바로 '순응욕구'가 만든 현상입니다.

소비 행위와 관련하여 가장 극명하게 '만 배' 차이를 만들어내는 가장 대표적인 예가 바로 '대세'라 불리는 유행들입니다. 대부분의 사람들이 동참하는 거대한 흐름. 이 흐름을 내가 바꿀 수 없다는 것은 분명한 사실입니다. 그래서 소비자들은 대세에 맞서기보다 따르고 싶은 마음이 드는 것이라 이해할 수 있습니다.

● 거울뉴런Mirror Neuron: 순응욕구를 움직이는 신경세포

앞서 살펴본 상황 외에도 심리학 분야에는 이 순응욕구가 만들어낸 여러 행동(특히 집단행동)에 대한 예들이 많습니다. 가장 대표적인 것이 '권위의 법칙'과 '동료효과Peer Effect'입니다.

권위의 법칙은 같은 내용이라도 전문가, 혹은 저명한 인물을 앞세우면 더 설득력이 높다는 내용입니다. 보통 설득에 관한 심리학이라며 자주 언급되는 법칙입니다. 동료 효과는 쉽게 말하면 근묵자흑近墨者黑, '먹을 가까이하다 보면 자신도 모르게 검어진다'로 설명할 수 있는 집단행동입니다. 이 밖에 자신을 뺀 나머지 사람들이 모두 "2×3=8이다"라고 말하면 아닌 줄 알면서도 2×3이 8이라고 대답하게 되는 등의 현상이 모두 이 순응욕구라는 잠재 욕구가 만들어낸 행동들입니다.

이러한 현상들을 자세히 살펴보면 앞서 언급한 '내가 절대 갑이 될 수 없는 상황'이라는 공통의 전제 조건이 있습니다. 이럴 때 순응욕구는 어떠한 방식으로 이 불편한 상황을 회피하려 할까요?

이 질문에 대한 실마리를 쥐고 있는 것이 '거울뉴런'입니다. 거울뉴런은 이탈리아의 신경심리학자인 리졸라티Giacomo Rizzolatti 교수팀이 원숭이들의 집단행동에 관한 연구를 통해 발견한 신경세포입니다. 이 거울뉴런은 이름 그대로 무언가를 그대로 비추는, '모방과 공감'이라는 고도의 집단행동에 대한 비밀을 쥐고 있습니다.

잘 알다시피 인간은 사회적 동물입니다. 그렇기에 자신이 속한 집단 속에서 끊임없이 타인과 상호작용합니다. 그리고 **자신이 집단 내에서 분명하게 열세에 있다 판단할 때, 본인보다 우월한 위치에 있는 누군가의 행동을 그대로 모방하게 됩니다. 그럼으로써 마치 자신도 그 우월한 갑의 일원인 것 같은 일종의 소속감과 안도감을 느끼기 때문입니다.**

거울뉴런이 일으키는 이 독특한 습성이 순응욕구의 숨은 메커니즘입니다. 이로 인해 막강한 권위자의 의견은 이의 제기 없이 인정하게 되고, 동료들이 다들 하는 행동을 그대로 따라 하게 되며, 유행하는 아이템이나 SNS 명당을 그냥 지나칠 수 없게 되는 결과가 벌어지는 것이죠.

3) 순응욕구를 해결하는 소비자 가치 만들기

갑의 일원이 된 것 같은 소속감, 이것이 순응욕구가 가장 필요로 하는 소비자 가치입니다. 그렇다면 제품이나 서비스에 '소속감'을 가치로 담을 수 있는 방법은 무엇이 있을까요? 다음의 두 가지를 기억하시기 바랍니다.

① 기댈 수 있는 확실한 '갑' 제공해주기

② 서브타이핑 활용하기

① 마음 편히 기댈 수 있는 확실한 '갑'을 손에 쥐여주기

특별한 사람들만의 고급 문화로 여겨지던 와인이 이제는 우리 일상에 어느 정도 자리 잡았다고 볼 수 있습니다. 편의점이나 대형 마트에서도 쉽게 괜찮은 와인을 만나볼 수 있을 정도로 저변이 넓어졌죠. 하지만 와인을 제대로 즐기기는 생각만큼 쉽지 않습니다. 마트 와인 코너에는 1만 원짜리부터 수십만 원대의 와인이 함께 놓여 있습니다. 게다가 제품명도 어렵고, 재배 지역 지명에다 포도 품종까지, 프랑스어는 기본이고 이탈리아어도 좀 알아야 할 것 같습니다.

와인 좀 골라달라고 했다가 이 방대한 정보와 프랑스어로 뭐라뭐라 설명하는 판매직원 앞에서 소비자들은 움찔하며 을의 상황에 놓이는 경우가 많습니다. 바로 이때가 마음 편하게 순응하고 싶은 그 '무엇'이 필요해지는 때입니다. 이런 점을 와인을 판매하는 기업들이 모를 리가 없죠. 이런 이유로 와인병의 목에는 '○○○상 수상!', '세계에서 가장 많이 팔린 와인', '○○○ 지역을 대표하는 와인', 'CEO ○○○가 즐겨 마시는 와인' 등 거창한 문구가 쓰인 큼직한 종이 장식이 매달려 있습니다. 그런데 이런 문구들이 신뢰성이 있을까요? 저는 아니라고 생각합니다. 가장 믿을 만한 수상 실적에도 함정이 숨어 있으니까요.

와인의 주재료인 포도는 커피 원두만큼이나 기후에 민감합니다. 그렇기에 아무리 좋은 와인을 만드는 업체라도 그해 기후가 도와주지 않으면 품질을 유지하기가 어렵습니다. 그래서 와인 애호가들은 같은 와인 중에서도 몇 년도에 재배한 포도로 만든 와인인지, 즉 빈티지vintage를 따지면서, 기후가 유독 좋지 못했던 해의 와인을 '망빈(망한 빈티지) 와인'이라며 푸대접하고는 합니다.

수상 실적 스티커에는 대부분 이 빈티지의 비밀(?)이 숨겨져 있습니다. 지난해, 심지어 몇 년 전에 받은 실적도 대충 올해 제품에 붙여놓는 경우가 생각보다 많습니다. 이런 이유로 와인에 대해 좀 안다는 사람들, 즉 와인을 고르는 상황에서 본인이 을이라 생각하지 않는 사람들은 이 수상 실적 스티커를 곱지 않은 시선으로 바라보기도 합니다. 이렇게 말하면서 말이지요.

"최고급 5대 샤또 와인에 이런 스티커 붙어 있는 거 본 적 있어요?"

그렇다면 이 수상 실적 등의 스티커가 잘못된 마케팅일까요?

아닙니다. 이 스티커는 와인 선택에서 을이라 느끼는 소비자들이 '편하게 비빌 수 있는 언덕' 역할을 톡톡히 하고 있습니다. 이 스티커 하나를 통해 사람들은 '내가 아르헨티나에서 가장 유명한 와이너리의 와인을 잘 골랐구나', '유명 기업인이 인정한 가성비 와인이라니 중간 이상은 되겠지' 하며 안심합니다. 분명한 갑에게 순응하며 자신이 '유명 와이너리의 와인을 마시는 사람 중 한 명' 혹은 '유명 기업인과 와인 취향이 비슷한 사람 중 한 명'이 되었다는 안도감을 느끼는 것이지요.

와인 외에도 소비자들이 구매 상황에서 순응의 욕구를 보이는 제품이나 서비스는 많습니다. 특히 전문 정보가 필요하거나 프로와 아마추어 시장이 나뉘어 있는 분야가 이에 해당하는데, 이런 업종에 종사하시는 분들은 소비자가 마음 편히 기댈 수 있는 든든하고 명확한 '갑'을 마케팅에 활용할 방법에 대해 고민해보시면 좋겠습니다.

② 서브타이핑Subtyping 활용하기

소비자들의 순응욕구는 나보다 우위에 있는 갑에게 기대는 방식으로 나타납니다. 하지만 모든 제품이나 서비스가 소비자들이 순순히 기댈 수 있을 정도로 분명한 갑의 속성을 갖고 있는 것은 아닙니다. '세계 최대', '국내 최고', '업계 최고 전문가가 인정한'

등의 확실한 미사여구를 쓸 수 있다는 것은 이미 어느 정도 인정받은 제품 혹은 서비스이거나, 유명인이나 이름 있는 권위자를 마케팅에 활용할 수 있을 정도로 예산이 있다는 뜻이니 상황이 아주 좋다고 볼 수 있죠. 아직 인정받지 못하고 마케팅 예산도 넉넉지 않은 경우라면 무작정 우리 제품이 좋다고 우기거나 사기를 칠 수도 없는 노릇인데, 이럴 때는 어떻게 해야 할까요?

저는 서브타이핑이라는 방법을 권해드립니다. 서브타이핑을 이해하기 위해서는 먼저 인간의 사고방식 두 가지를 알아둘 필요가 있습니다. 사회심리학자 셸리 차이켄Shelly Chaiken의 연구에 따르면 인간의 생각은 다음의 두 가지 방식으로 이루어져 있다고 합니다.

체계적 사고 Systematic Processing

추론적 사고 Heuristic Processing

체계적 사고는 어떤 대상에 대한 충분한 정보가 있고 어느 정도 관여도가 있을 때 일어나는 생각의 방식입니다. 반면 추론적 사고는 충분한 정보가 없거나 큰 관심이 없는 대상에 대해 의사결정을 할 때 일어나는 생각의 방식입니다.

그렇다면 지금 살펴보고 있는, 소비자가 구매 상황에서 을의 입장에 놓일 때는 어떤 사고를 취하게 될까요? 당연히 추론적 사고입니다. 이 추론적 사고는 꼼꼼히 따지고 분석하는 것이 아니라 익숙하거나 기대기 편한 주변 정보에 의지하는 특징이 있다고 합니다.

이때 유용한 것이 바로 서브타이핑입니다. 사용자 경험설계UX나 마케팅에서 자주 쓰이는 서브타이핑은 쉽게 말하자면 기존에 없던 새로운 기준으로 시장을 쪼개고, 자신이 그 새로운 분류를 최초로 차지하는 개념입니다. 우리의 제품이나 서비스에 소비자가 구매 상황에서 기댈 수 있는 압도적인 갑이 될 재료가 없다면, 서브타이핑을 통해 소비자들의 추론적 사고가 기대기 좋은 새로운 장치를 만들면 된다는 의미입니다.

수상 실적이나 추천해줄 유명인이 없는 와인이라면, '골프 치는 사람들이 가장 좋아하는 와인'이라는 새로운 분류를 만들고 자사의 제품을 그 최초로 만드는 것이지요. 와인과 골프가 무슨 관계가 있냐고요? 전혀 없습니다. 하지만 처음으로 그렇게 정했다는 것이 중요합니다. 이 방식을 사용한 와인이 바로 '1865'라는 이름의 칠레 와인입니다. 원래는 와이너리가 처음 생긴 연도를 의미하는 숫자인데, 이 와인을 국내에 수입한 업체가 '1865'

와인을 골프장에서 선물하면 '18홀을 65타로 칠 수 있게 해주는 행운의 와인'으로 서브타이핑을 한 것이지요.

와인에 대해 아는 사람들은 하나같이 이 마케팅을 혹평했습니다. 아무런 연관성 없이 갖다 붙였으니 그럴 만도 합니다. 그런데 현재 1865 와인은 특히 중장년층이 가장 많이 아는 성공적인 와인이 되었습니다. 와인을 잘 모르는 중장년층이 기대기 좋은 성공적인 '갑'을 서브타이핑을 통해 잘 만들어낸 성과이지요. 여러분의 제품이나 서비스도 제2의 1865가 될 수 있는 서브타이핑 재료를 얼마든지 가지고 있다는 점을 분명히 말씀드리고 싶습니다.

소비자들은 많은 사람이 동참하는 대세나 유행에 맞서기보다는 순응하려는 욕구를 가지고 있습니다. 그렇기에 **소비자가 '을'이 되는 상황을 잘 살펴보고. 여러분의 제품이나 서비스가 기대고 싶은 든든한 '갑'이 되는 방법을 고민해보시기 바랍니다.**

소비자 가치 구조
만들기

이제 마지막으로 소비의 원소들을 통해 발견한 솔루션을 구체적인 소비자 가치로 담아내는 방법에 관하여 살펴보겠습니다.

"수박은 무슨 색일까요?"

소비자 가치에 대해 설명할 때 제가 애용하는 질문입니다. 많은 분들이 '붉은색'이라고 답을 합니다. 하지만 질문을 조금 바꾸어 "수박을 그려보세요"라고 하면 예외 없이 모두 녹색 동그라미에 검은 줄무늬를 그리는 모습을 보게 됩니다.

왜 수박의 색을 떠올릴 때는 붉은색이라고 하면서 수박을 그릴 때는 검은 줄무늬가 있는 녹색 동그라미를 그리게 되는 걸까요? 비밀은 쓰임새(구매의 목적)에 있다고 생각합니다. 사람들이 수박을 구매하는 이유는 녹색 껍질 안쪽의 붉은색 과육을 먹기 위해서입니다. 그렇기에 수박이라는 과일에 대해 사람들에게 가장 중요하게 인지된 정보는 바로 이 '붉은색'과 연관된 정보이고, 그래서 수박의 색상을 묻는 질문에는 직관적으로 (겉으로는 보이지도 않는) '붉은색'이 떠오르게 된다고 볼 수 있습니다. 그런데 수박을 그릴 때 다른 색상이 나오는 이유는 수박을 구체화하여 설명(혹은 표현)할 때는 표면적인 모습이 떠오르기 때문이죠.

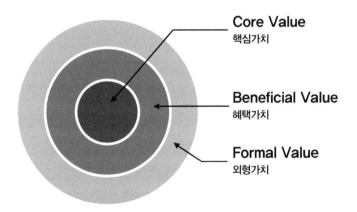

Core Value
핵심가치

Beneficial Value
혜택가치

Formal Value
외형가치

갑작스레 '수박' 이야기를 한 것은 이 수박의 구조와 소비자 가치의 구조가 꽤 유사하기 때문입니다. '소비자 가치'가 구조를 이룬다는 말이 조금은 생소할지 모르겠습니다. 아무리 좋은 솔루션을 생각했다고 해도 그것이 당장 팔릴 수 있는 상품이나 서비스가 되는 것은 아닙니다. 이를 구체화하는 과정이 필요합니다. 앞서 정의한 '특정한 욕구를 해결해주는 솔루션'으로서의 가치는 실제로 판매 가능한 형태로 구체화되는 과정에서 자연스럽게 특유의 구조를 갖게 되는데, 그 가치 구조를 이제부터 살펴보겠습니다.

1
외형가치
: 솔루션이 구체화되며 생긴
표면적 가치

수박의 녹색 껍질에 해당되는 가장 바깥쪽에 위치한 외형가치부터 살펴보겠습니다. 외형가치Formal Value는 다음처럼 정의할 수 있습니다.

소비자가 특정 제품 혹은 서비스를 경험할 때
인지하게 되는 표면적인 가치

예를 들자면, 제품의 유려한 디자인, AS센터 직원들의 친절한 태도와 상냥한 미소, 모바일 메신저의 귀여운 효과음이나 특정 브랜드 스마트폰의 빠른 구동속도 등이 모두 외형가치에 해당됩니다. 즉 고객들이 실제 오감으로 느끼는 거의 모든 것들과 연관된 가치가 바로 이 외형가치라 할 수 있습니다.

그런데 왜 '오감으로 느끼는'이라는 확장적인 개념을 썼을까요? 보통 백화점 1층에 위치한 화장품 매장을 생각하면 화려하고 고급스러운 분위기나 친절한 점원들의 모습보다 특유의 기분 좋은 향이 가장 먼저 떠오릅니다. 그렇다면 약간의 사치를 부려 고급 화장품을 사고 싶을 때 백화점 화장품 매장을 찾고 싶게 만드는 일등공신은 단연 이 향이겠죠? 이처럼 **외형가치는 단순히 눈에 보이고 귀에 들리는 것을 넘어서 소비자가 특정 제품이나 서비스를 경험하며 인지되는 모든 외적 자극이 만들어내는 가치**라고 이해할 수 있습니다.

생각해보면 기업에서 일하는 대부분의 사람들이 맡고 있는 업무는 이 외형가치와 관련된 것들이 주를 이룹니다. 보다 더 방문하기 좋은 매장의 위치를 개발하는 것, 보다 더 귀엽고 매력적인 이모티콘을 개발하는 것, 기발한 마케팅 아이디어를 제안하는 것, 친절한 AS를 유지 관리하는 것 등이 넓은 관점에서 본다면 외형가치와 관련된 것들입니다. 정리하자면 외형가치는 아직 날것에 가까운 아이디어가 하나의 상품이나 서비스로 구체화되는 과정을 거치며 생기는 부가적인 가치입니다.

이 외형가치와 관련하여 한 가지 기억할 점이 있는데요, 외형가치는 수박으로 치자면 껍질에 해당된다는 점입니다. 즉 외형을 이루지만 소비자가 수박을 구매한 진짜 이유인 과육은 될 수 없다는 것이지요. 한 회사에서 경쟁사의 제품이나 서비스를 분석할 때 자주 등장하는 분석 내용이 이 외형가치에 해당하는 경우가 많습니다. 소비자 혹은 고객 가치까지 고려한 큰 관점의 분석보다는 벤치마킹에 가까운 내용들인 셈이지요.

그래서 저는 시장조사를 나가는 기업의 담당자들에게 경쟁사의 매장 혹은 제품만 눈여겨보지 말고, 경쟁사의 고객이 우리 회사의 고객과 어떤 점이 다른지를 함께 살펴보라고 자주 조언합니다. 이를 통해 자칫 눈에 보이는 외형가치에만 갇히기 쉬운 시야를 소비자 관점으로 돌려 볼 수 있기 때문입니다.

수박의 녹색 껍질에 해당하는 외형가치는 소비자의 눈길을 사로잡는 요소임에는 틀림없습니다. 하지만 자사 혹은 경쟁사의 제품이나 서비스를 분석할 때는 반드시 껍질 속에 숨겨진 것들의 가치도 함께 생각해보시기 바랍니다.

2
혜택가치
: 본질적 쓰임새와
관련된 가치

앞서 살펴본 외형가치가 수박의 녹색 껍질이라면, 혜택가치는 붉은색 과육, 쉽게 말해 '알맹이'라고 볼 수 있습니다. 혜택가치 Beneficial Value는 다음처럼 정의할 수 있습니다.

특정 제품이나 서비스가 갖는
고유의 쓰임새와 관련된 가치

화장품은 남녀노소 누구나 사용하는 제품입니다. 기업 입장에서는 마진율도 꽤 괜찮은 매력적인 아이템이죠. 게다가 요즘은 한류열풍 덕에 한국 화장품은 전 세계 어디에서나 인기 많고 사고 싶은 제품이 되었습니다. 그만큼 소비자 가치가 분명한 제품인데, 이러한 가치를 잠시 내려놓고 화장품의 '물리적 실체'를 한번 따져볼까요?

화장품의 물리적 실체는 '화학물질'입니다. 그런데 '오늘은 퇴근하고 백화점 가서 화학물질 15ml를 구매해볼까?'라고 생각하는 소비자는 분명 없을 것입니다. 그렇다면 우리는 왜 이 화학물질을 구매하고 싶어지는 걸까요? 바로 이 화학물질에 피부를 개선시켜주는 기능, 즉 요긴한 쓰임새가 있기 때문입니다. 하지만 이게 다가 아니죠. 바로 피부 개선을 통해 '더 아름다워질 수 있다'는 기분 좋은 '희망'까지 갖게 해줍니다. 더 예뻐지고 더 멋져보일 수 있다는데 솔깃하지 않을 사람이 있을까요? 즉, 화장품이라는 제품을 팔리게 하는 힘은 '화학물질'이라는 물리적 실체가아닌, '당신을 더 매력적으로 만들어주는 솔루션'이라는 혜택가치에 있습니다.

앞서 살펴본 외형가치는 날것 상태의 솔루션을 구체화된 상품이나 서비스로 만들어주는 것이기에 기업 담당자의 관점에서는 더 중요하게 생각될 수도 있습니다. 하지만 사람들에게 수박을 구체적으로 그려보라고 하면 녹색을 떠올리지만 수박의 색상을 물어보면 직관적으로 붉은색을 떠올리는 것처럼, **소비자들이**

무엇인가를 필요로 하거나 구매 의사가 생기는 출발점은 바로 눈에 보이는 외형가치 아래 자리 잡고 있는 이 혜택가치 때문이라는 점을 간과해서는 안 됩니다.

혜택가치: 소비자 관점으로 바라보는 눈

혜택가치가 중요한 또 다른 이유는 소비자의 관점에서 '소비자들이 특정 제품이나 서비스를 왜 사야 하는지' 그 이유를 현실적으로 바라보게 해주기 때문입니다. 쉽게 말해 '고객 관점, 사용자 관점'이라는 뜬구름 같은 이야기를 실천할 수 있는 효과적인 방법이 바로 이 혜택가치를 따져보는 것입니다.

살펴보면 제품이나 서비스의 완성도는 우수한데 시장이 생각보다 커지지 않는 경우가 있습니다. 반대로 제품이나 서비스 자체는 그다지 특별할 것 없어 보이지만 탄탄하게 시장이 유지되는 경우도 있죠. 전자에 해당하는 좋은 예가 '3D 프린터'입니다. 이미 기술은 3D를 넘어 형상기억합금을 활용한 4D로 진화하고 있지만 시장 자체는 그에 비해 성장세가 더디다고 할 수 있는데, 이에 대한 답을 제품이나 업계 안에서 찾자면 여러 세세한 원인들이 분석되어 나올 겁니다. 그런데 소비자들에게 이런 질문을 해보면 어떨까요?

"3D 프린터가 있으면 무엇이 좋아질까요?"

소비자 각자가 생각하는 나름의 쓰임새가 있기는 하겠지만, 많은 이들이 납득하고 공감할 수 있는 답을 듣기는 어려울 것이 분명합니다.

반대로 감기약은 어떨까요? 감기약과 관련해서 소비자들에게 같은 질문을 던져봅시다.

"감기약을 먹으면 무엇이 좋아질까요?"

대부분은 "감기가 낫는다"는 대답을 할 것이고, 이 점에는 모두가 공감하겠죠. 이것이 3D 프린터 시장이 좀처럼 커지지 못하는 반면, 감기약 시장은 언제나 공고하게 유지되는 근본적 차이입니다.

'새로운 시장이 형성되었다'는 것은 일정 규모 이상의 잠재 고객이 공감하는 새로운 '혜택가치'가 생겼다는 것으로 재정의할 수 있습니다.

정리하자면 소비자들이 특정 아이템을 구매하는 것은 그 아이템이 제공하는 혜택가치를 구매하는 것으로 이해할 수 있습니다. 그렇기에 제품이나 서비스 자체보다 혜택가치를 더 면밀하게 파악하는 눈이 필요합니다. '소비자 관점' 혹은 '사용자 관점'을 살피는 눈을 키워야 한다는 사실을 꼭 기억하시기 바랍니다.

3
핵심가치
: '우리다움'을
결정하는 가치

곧 차를 바꾸기로 마음먹은 소비자가 있다고 가정해보겠습니다. 이러한 소비자 가운데 혹시 '아반떼'와 '벤틀리'를 놓고 고민하는 소비자가 있을까요? 가격 차이가 매우 크지만 어쨌든 아반떼와 벤틀리 둘 다 자동차인 것만은 분명합니다. 수억 원대의 차라고 하늘을 날지는 못합니다. 자동차는 가격에 관계없이 모두 공평하게(?) '도로용 자가 교통수단'이라는 동일한 혜택가치를 갖고 있습니다. 그런데 왜 아반떼와 벤틀리는 다른 세상의 물건처럼 느껴지는 것일까요? 동일한 혜택가치가 있는 제품이라도 각자가 가진 또 다른 세분화된 가치가 결정적 역할을 하기 때문입니다.

이처럼 동일한 혜택가치 내에서 특정 기업의 제품이나 서비스가 갖는 차별화된 가치를 '핵심가치Core Value'라고 합니다.

그런데 왜 하필 핵심Core이라는 단어를 사용하는 것일까요? 혜택가치가 특정한 아이템의 쓸모와 관련된 개념이라면, 핵심가치는 마지막 순간에 소비자들의 선택을 결정짓게 만드는, 구매 결정에서 중추적인 역할을 하는 가치이기 때문입니다.

한 소비자가 '오늘은 백화점에 가서 쇼핑을 하고 싶다'라고 생각하는 것은 백화점이라는 유통 채널이 갖는 혜택가치 때문이고. 많은 백화점 가운데 '그래, 오늘은 S백화점을 가야겠어'라며 특정 백화점을 선택하게 만드는 것이 바로 이 핵심가치라고 이해하면 됩니다.

핵심가치: 모든 것을 결정하는 고유한 DNA

앞서 외형가치를 수박의 껍질에, 혜택가치를 붉은색 과육에 비유했는데, 핵심가치는 붉은 과육 속에 박혀 있는 '씨앗' 정도로 생각하면 되겠습니다. 우리는 지금 소비자의 시야에서 가치의 구조를 알아보고 있으니 겉에 보이는 껍질부터 살펴보고 있습니다. 하지만 각각의 가치들이 구체화되는 순서로 바꾸어보자면 '비즈니스'라 불리는 모든 활동의 시작은 바로 이 '씨앗'인 핵심가치와 깊은 연관이 있습니다. 껍질과 과육도 결국 씨앗에서 자라는 것이니까요.

작건 크건 모든 비즈니스는 '창업'이라는 이름으로 시작됩니다. 창업을 조금 색다르게 재정의를 해보면 어떨까요?

창업: 내가 잘할 수 있는 것(경쟁력을 갖추고 있는 것)을 업으로 삼는 일

창업 이념을 세우고 의지를 다진다고 비즈니스가 저절로 되는 것은 아닙니다. 자신의 경쟁력과 관심사, 그리고 철학에 잘 맞는 제품이나 서비스를 찾아야 합니다. '제 눈에 안경'이라는 말처럼 이 고민의 시간을 통해 창업자들은 나름 자신에게 맞는(혹은 맞는다고 생각하는) 제품이나 서비스, 즉 아이템을 찾게 됩니다. 이에 대한 예로 '다이슨Dyson'을 들 수 있습니다.

한국에서 '다이슨'이라는 이름은 날개 없는 선풍기 등의 제품으로 친숙하죠. 이 브랜드명은 창업자인 제임스 다이슨James Dyson

의 이름에서 따온 것입니다. 제임스 다이슨은 발명가 출신으로, 경영학이나 공학 분야에서 '끈기의 상징'으로 통하는 인물입니다. 이유는 그의 첫 제품인 '먼지봉투 없는 청소기'를 세상에 내놓기까지 오랜 시간 동안 5,126개의 시제품을 만들어봤을 정도로 실패에 실패를 거듭하면서도 포기하지 않았기 때문입니다. 이러한 끈기 덕분에 출시 18개월 만에 영국 판매 1위를 차지할 만큼 획기적인 청소기 제품이 탄생합니다.

청소기 성공 이후, 다이슨은 그 유명한 '날개 없는 선풍기'를 세상에 선보였습니다. 지금은 유사품이 워낙 많아졌지만, 이 제품을 처음 보았을 때의 충격을 저는 아직도 기억합니다(게다가 가격도 충격적이었습니다). 그 이후 다이슨은 소음을 획기적으로 줄인 신개념의 헤어드라이어를 만들어냈습니다(이번에도 기술만큼이나 가격 때문에 또 한 번 놀랐습니다).

청소기를 시작으로 선풍기를 거쳐 헤어드라이어까지, 얼핏 일관성이 없어 보이지만, 다이슨 제품에는 한 가지 공통점이 있습니다. 남들이 생각하지 못하는 수준으로 바람을 다룰 수 있게 해주는 다이슨 기술력의 상징인 성능 좋은 프리미엄 '모터'가 내장되어 있다는 점입니다. 바로 다이슨의 모터가 색다른 제품을 만들어냈고, 사악한 가격에도 불구하고 다이슨 제품을 사고 싶게 만드는, 다이슨 제품만의 핵심가치를 만들어낸 비밀인 셈입니다.

그렇다면 다이슨은 지금 무엇을 만들고 있을까요? 분명 자신의 경쟁력인 '모터'와 연관된 무언가를 구상하고 있겠지요? 놀랍게도 다이슨이 지금 개발하고 있는 제품은 바로 '전기자동차'입니다. 지금까지와는 전혀 다른 제품이죠? 더 놀라운 점은 다이슨 전기자동차가 멀고 먼 미래의 이야기도 아니고 2021년 출시를 목표로 하고 있다는 점이죠. 저는 이 결정이 다이슨다운 현명한 결정이라고 생각합니다. 내연기관이 아닌 모터를 사용하는 전기자동차. 세상 누구보다 좋은 모터를 만들 줄 아는 다이슨에게 정말 딱 맞는 제품이 아닐 수 없습니다.

이처럼 자신의 경쟁력을 바탕으로 일관성 있게 사업을 확장해나가는 것을 경영학 용어로 '관련 다각화Related diversification'라고 합니다. 이 관련 다각화의 측면에서 볼 때 다이슨은 '모터'라는 핵심기술을 중심으로 청소기부터 전기자동차까지 현명하게 다각화를 잘해나가고 있죠. 그렇다면 전기자동차 이후에 다이슨은 어떠한 신제품으로 세상을 또 한 번 놀라게 할까요? 아무도 알 수 없겠죠. 다만 그 신제품이 분명 '모터' 기술과 연관되어 있으리라는 점, 여러분도 예상하실 수 있을 겁니다.

핵심가치와 아이덴티티_{Identity}

핵심가치는 특정 기업의 변하지 않는 일관성과 관련된 가치입니다. 오랫동안 자신의 경쟁력을 바탕으로 일관되게 지켜온 것이기에, 소비자들은 선택을 할 때 그 일관성에 기초하여 나름의 합리적인 선택을 할 수 있게 됩니다.

"A회사 제품은 내구성이 좋아." "S백화점은 고급스러우니 기왕이면 그곳에 가서 우아하게 쇼핑을 해야겠어." 이렇게 우리가 동일한 혜택가치 내에서 최종 선택을 할 수 있는 것은 한 기업이 오랫동안 꾸준하게 지켜온 일관성 덕분입니다. 이렇듯 '그 회사다운' 일관성을 '기업철학'이라고 합니다.

'기업철학', 그리고 '그 회사다운 일관성'이라니! 어쩌다 보니 이야기가 커져버리고 말았네요. 그런데 기업의 마케팅이나 브랜드 담당자분들은 '어? 이거 우리 분야 이야기 같은데?'라는 생각이 들 수도 있습니다. 맞습니다. '그 회사다운 일관성'을 전문용어로 바꾸면 바로 '아이덴티티_{Identity}'가 됩니다. '브랜드 아이덴티티_{Brand Identity}', 더 넓게는 보통 CI라고 부르는 '기업의 아이덴티티_{Corporate Identity}'의 뿌리가 바로 이 핵심가치라고 보면 되겠습니다.

그렇다면 핵심가치와 아이덴티티의 관계를 어떻게 이해하면 좋을까요? 다이아몬드 원석과 아름답게 가공된 다이아몬드를 떠올리시면 이해가 쉬울 겁니다. 좋은 다이아몬드 상품이 되기 위해서는 무엇보다 질 좋은 원석이 필요합니다. 하지만 아무리 훌륭한 원석이라도 그것 자체를 소비자에게 내밀면 그 가치를 알아보는 사람이 별로 없겠지요? 그렇기에 이 원석에 '가공'이라는 상품화 과정이 필요합니다. 그 결과 질 좋은 원석과 숙련된 가공이 더해져 여심을 사로잡는 고품질의 다이아몬드 상품이 탄생하게 됩니다.

이처럼 **특정 제품이나 서비스의 '핵심가치'가 잘 정의되어 있더라도 그것을 효과적으로 소비자에게 전달하기 위해서는 '가공'이 필요합니다.** 이 가공의 과정이 바로 상품의 컨셉을 구체화하고, 컨셉에 맞게 이름을 붙이고 제품을 디자인을 하고, 그에 걸맞은 광고를 제작하는 등의 행위가 되겠네요. **이러한 과정을 통해 원석에 가깝던 '핵심가치'가 소비자의 마음을 사로잡는 매력적인 다이아몬드, 즉 브랜드 아이덴티티로 다듬어지게 됩니다.**

4
소비자 가치 구조에
솔루션 담기

지금까지 살펴본 3개의 구조화된 가치를 정리하면 다음과 같습니다.

	소비자 관점	기업 관점
Core Value 핵심가치	특정 기업의 제품이나 서비스를 선택하는 이유 (믿음)	경쟁 우위를 바탕으로 일관되게 지켜온 철학 (약속)
Beneficial Value 혜택가치	특정 제품이나 서비스를 구매하는 이유 (쓰임새)	자사의 경쟁 우위를 반영하는 사업군이나 아이템
Formal Value 외형가치	특정 제품이나 서비스를 경험하며 느끼는 구체적 만족감	개별 아이템이 갖추고 있는 구체적 속성

그렇다면 날것에 가까운 솔루션을 구체화하는 과정에서 소비자 가치 구조를 어떻게 활용할 수 있을까요? 다음의 3가지 질문에 대한 답을 순서대로 찾아가는 것입니다.

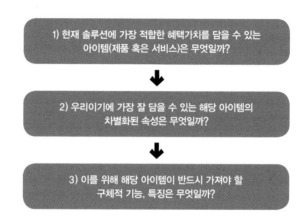

먼저 첫 번째 질문을 통해 우리는 아직 날것에 가까운 솔루션을 어떻게 소비자들이 공감할 만한 혜택가치로 담을 수 있을지를 고민하며, 자연스럽게 이러한 혜택가치를 가장 잘 담을 수 있는 아이템에 대해 생각할 수 있게 됩니다.

우리가 무선충전에 대한 기술 솔루션을 개발했다고 가정해보겠습니다. 이제 이 기술을 가지고 구체적인 제품이나 서비스를 개발해야 비즈니스를 시작할 수 있겠지요? 무엇을 만들면 좋을까요? 가장 쉽게 생각할 수 있는 것은 스마트폰 무선충전기가 아닐까 싶네요. 나쁘지는 않습니다. 이 제품에 대해 소비자가 느낄 '쓰임새', 즉, 혜택가치는 무엇이 될까요? 아마 '충전 케이블로부터의 자유' 정도가 될 것입니다. 돈을 내고 사고 싶을 정도로 공감을 일으키는 소비자 가치일까요? 글쎄요, 저는 큰 감흥이 느껴지지 않네요.

그렇다면 동일한 기술을 활용하여 주차장 바닥에 무선충전 패드를 심어, 전기자동차가 주차될 때마다 자동으로 충전이 되도록 하는 충전 서비스를 개발해보면 어떨까요? 얼핏 들어도 스마트폰 무선충전기보다는 훨씬 더 쓰임새가 있을 것 같습니다. 전기자동차를 타는 사람들에게 '충전의 귀찮음에서 벗어날 수 있게' 해주기 때문입니다. 같은 무선충전 기술에서 출발했는데, 스마트폰이 아닌 자동차에 적용해보니 훨씬 더 공감가는 혜택가치가 탄생했습니다.

이러한 고민이 꼭 기술 관련 기업의 제품에만 해당하는 것은 아닙니다. 같은 과일이라도 이 과일로 어떤 제품을 만드는지에 따라 전혀 다른 가치가 생길 수 있으니 식품 기업에도 해당되고, 같은 섬유나 기술을 가지고도 다양한 쓰임새의 의류가 만들어질 수 있고 그에 따라 해당 아이템의 시장 자체가 달라질 수 있으니

의류 업종에도 해당됩니다. 또한 같은 마케팅 아이디어라도 어떤 매체에 어떤 캠페인을 싣는지에 따라 소비자에게 다른 '톤 앤 매너Tone & Manner'를 주게 되기에 마케팅 솔루션을 구체화하는 경우에도 해당된다고 볼 수 있습니다.

다음으로 두 번째 질문을 통해 우리는 구체화된 아이템에 우리다운 고유의 가치, 핵심가치를 담을 수 있게 됩니다. 같은 온라인 스토어를 내더라도 '섬세한 고급스러움'을 자사의 핵심가치로 내건 기업은 이 단계에서 본인들의 가치를 어떻게 온라인 경험에 담을 수 있을지 고민합니다. '젊고 대중적인 느낌'을 핵심가치로 갖는 기업은 어떻게 하면 많은 젊은이들이 해당 온라인 스토어를 쉽게 찾도록 만들지를 고민하죠. 이러한 고민의 단계가 두 번째 단계라고 보면 되겠습니다.

그런데 아이템을 잘 고르고 이 아이템에 자사의 고유한 가치를 담을 생각을 해도, 그 점을 소비자가 실제로 느끼지 못하면 아무런 의미가 없겠지요? 그래서 마지막 질문이 필요합니다. 이제 지금까지 애써 고민한 가치들이 소비자나 이용자가 놓치지 않고 느낄 수 있도록, 구체적인 아이템의 특징들을 하나하나 결정해야 합니다. 그것이 디자인일 수도 있고, 기능일 수도 있고, 브랜드 이름이 될 수도 있습니다. 바로 마지막 질문을 통해 우리는 앞서 고민한 가치를 기준으로 일관된 방향으로 제품이나 서비스의 구체적 특징들을 결정해나갈 수 있게 됩니다.

두 번째와 세 번째 질문과 관련한 좋은 예가 명품 브랜드 루이비통이 출시한 '스마트워치'입니다. IT기업에서 만들기 시작한 스마트워치는 최근 여러 시계 브랜드에서도 출시하고 있는데, 조금의 차이가 있을 뿐 딱히 차별화된 소비자 가치를 제공하는 제품을 찾기는 쉽지 않습니다. 이런 상황에서 루이비통의 스마트워치가 눈에 띄는 점은 '여행에 특화된' 제품이라는 독특한 차별점을 갖기 때문입니다.

그런데 왜 하필 여행일까요? 루이비통이라는 브랜드의 핵심은 언제나 여행에 맞춰져 있습니다. 브랜드 자체가 귀족들의 여행가방을 만드는 것에서 출발하기도 했고, '인생은 여행이다Life is Journey'라는 메시지로 마케팅을 꾸준하게 진행하고, 전 세계를 돌며 여행과 관련된 전시도 지속적으로 열고 있으며, 심지어 전 세계 주요 도시를 알리는 '시티 가이드북'이라는 책자까지 발행하는, 여타 명품 브랜드들과 다르게 여행과 밀접히 연관된 브랜드가 바로 루이비통입니다.

이러한 브랜드 특성에 맞게 루이비통이 내놓은 스마트워치는 여행에 특화된 독특한 핵심가치를 가지게 된 것입니다. 그렇다면 루이비통의 스마트워치에는 어떤 기능이 있는지 한번 살펴볼까요? 일단 비행기 티켓을 예약하면 자동으로 스마트워치에 정보가 전달되어 출국 날짜가 다가오면 알람을 해줍니다. 그리고 공항에 도착하면 자동으로 항공기 편명과 탑승 게이트를 친절하게 알려주며, 혹시 비행기를 놓칠까 출발 시간이 가까워지면 지속해서 알람을 해주는 편리하고 독특한 기능이 있습니다. 여기서 끝이 아닙니다. 스마트폰과 연동해서 루이비통의 '시티 가이드 북' 정보를 그대로 현지에서 활용할 수 있게 됩니다. 루이비통답게 여행 관련 가치를 잘 담아낸 제품이라 할 수 있겠네요. 이 정도면 스마트워치에는 관심이 없는 소비자라 해도 여행을 제대로 즐기고 싶은 욕구가 있다면 분명 흥미를 느낄 것 같다는 생각이 듭니다.

아무런 특징 없는 제품은 절대 해낼 수 없는 고객들의 마음을 여는 비밀, 그 비밀은 바로 우리가 **소비의 원소를 통해 얻게 된 솔루션을 일관되게 구체화하는 데 있다는 점**, 다시 한 번 강조하고 싶습니다.

소심한
반전

책을 마무리하며 여러분에게 소심하게 고백할 것이 하나 있습니다. 이 책은 원래 소비자 니즈와 가치에 관한 책이 아니었습니다. 실은 '문제 정의Problem Definition'라는 방법에 관한 책을 쓰려고 했는데, 결국 '소비의 원소'라는 소비자 욕구와 가치에 관한 책이 되어버렸습니다. 하지만 문제 정의는 하나의 방법일 뿐 결국 이 책에서 소개한 '동인'을 찾는 것이 주된 목적이기에 큰 틀에서 벗어난 것은 아니니, 너그럽게 양해해주시면 좋겠습니다.

모든 프로젝트에서 가장 중요한 것은 '문제 정의'라고 생각합니다. 문제를 무엇으로 보는지에 따라 솔루션의 방향이 전혀 달라지고 솔루션의 다양성도 크게 달라지니까요.

문제 정의: '고해성사'와 '쥐잡기 운동'의 갈림길 ———

문제 정의의 중요성을 잘 보여주는 역사적 사건이 있습니다. 14세기 중반, 1347년부터 약 3년간 흑사병이 유럽을 휩쓸고 지나갔습니다. 당시 유럽 인구가 9000만 명 정도였다는데, 이 가운데 흑사병으로 사망한 사람이 대략 4000만 명 정도라고 기록되어 있으니 대재앙이라고 부를 만도 합니다. 지금은 '페스트'라 명명된 이 급성 전염병을 당시 유럽인들이 '흑사병The Black Death'이라 부른 이유는 무엇일까요? 그것은 바로 이 병에 걸리면 피부 세포가 괴사되어 피부가 까맣게 썩어 들어가는 특유의 증세 때문입니다. 환자들은 자신의 피부가 지독한 악취를 풍기며 까맣게 썩어 들어가는 것을 눈으로 보며 죽어갔죠. 듣도 보도 못한 끔찍한 형벌과도 같은 질병이었습니다.

이 무시무시한 질병을 당시 유럽인들은 어떻게 보았을까요? 사람들이 파악한 병의 원인은 바로 '신의 저주'였습니다. 환자가 무작위로 발생한다는 점, 그리고 피부가 고통스럽게 썩어 들어가는 모양새가 당시 사람들의 눈에는 신이 죄지은 사람만 골라 저주를 내린 것처럼 보이기에 충분했습니다. 종교의 힘이 막강하던 '대성당들의 시대'였으니까요.

원인을 '저주'로 보았으니 생각할 수 있는 해법, 솔루션은 무엇일까요? 바로 '고해성사'와 '고행'이었습니다. 죄를 지어 벌을 받는 것이니 성직자들이 죄를 사해주면 병이 나을 것이라고 자연스럽게 생각한 것이지요. 해서 당시 성직자들은 환자들을 집집마다 찾아다니며 죄를 사해주느라 분주했다고 합니다. 이렇게 해서 사태가 해결되었을까요? 이 집 저 집 찾아다니며 전염병 환자들과 접촉했으니 당연히 성직자들의 사망률은 급증했고, 의도와는 정반대로 이들이 전염병을 퍼뜨리는 역할을 한 셈이 되어버렸습니다.

한편 병에 걸린 사람만큼이나 아직 병에 걸리지 않은 사람들은 자신도 저 끔찍한 병에 걸릴지 모른다는 불안감에 고통받고 있었습니다. 신의 저주를 피하기 위해 그들이 선택한 예방책은 바로 자신의 죄를 미리 인정하여 벌을 받는 '고행'이었습니다. 영화 〈다빈치 코드〉를 보면 채찍으로 자신의 몸을 때리며 자해하던 창백한 얼굴의 인물이 등장하는데, 채찍으로 자신의 몸을 때리는 이 고행 의식이 처음 생겨난 것이 흑사병 시대라고 합니다(이렇듯 채찍에 의한 고행을 행하는 종교집단을 당시에 '채찍파'라고 불렀다고 하네요). 그럼

이 채찍 고행을 수행한 사람들은 흑사병을 피할 수 있었을까요? 채찍 고행이 남긴 상처 부위 때문에 더 쉽게 감염되어 오히려 흑사병에 잘 걸리게 되었다고 합니다.

결과적으로 흑사병의 창궐은 막강하던 중세 교회의 권위를 떨어뜨리는 데 결정적 역할을 한 역사적 사건이 됩니다. 결국 3년여의 시간 동안 유럽 전체 인구의 절반에 가까운 희생을 치르고 나서야, 그들이 발견한 흑사병의 진짜 원인은 바로 '쥐(정확히는 검은 쥐)'와 이 쥐에 기생하는 '벼룩'이었음을 알게 되었습니다. 허무하게도, 쥐를 잡아 불태우는 '쥐 잡기 운동' 한 번으로 흑사병 문제는 해결되었습니다.

이렇게 같은 현상을 보더라도 문제를 어떻게 정의하는지에 따라 전혀 다른 해결책이 펼쳐집니다. 그래서 이 책에서 동인과 솔루션의 관계에 대해 그렇게 강조를 한 것이지요. 그런데 문제란 도대체 무엇일까요? 꼭 질병이나 매출 하락 같은 나쁜 상황에만 문제가 존재하는 것일까요? 보다 전문적으로 살펴보자면 문제는 다음처럼 설명할 수 있습니다.

문제는 한마디로 '현재 상태'와 '더 나은 상태' 사이의 차이를 말합니다. 그리고 문제 정의는 우리 회사의 제품이나 서비스가

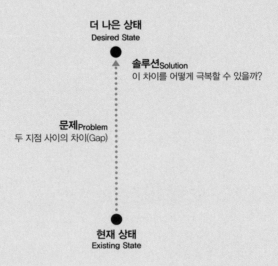

더 나은 상태
Desired State

솔루션Solution
이 차이를 어떻게 극복할 수 있을까?

문제Problem
두 지점 사이의 차이(Gap)

현재 상태
Existing State

더 좋아지려면 현재 상태에서 어떠한 점을 극복해야 할지를 구체적으로 정해가는 방법입니다. 이 방법의 장점은 처음에는 생각지도 못했던 다양한 관점을 구체적으로 바라보게 해준다는 점입니다. 그 과정이 조금은 머리 아프지만요.

하지만 어떠한 방법론도 본질을 건드리지 못하면 아무런 쓸모가 없습니다. 그런 만큼, 이 책에서 소개한 6개 소비의 원소를 통해 여러분이 고민하는 다양한 현상의 문제 속에 숨겨진 본질적 문제들을 보다 분명하게 발견하고, 이에 맞추어 효과적인 솔루션을 잘 찾아낼 수 있기를 바랍니다. 행운을 빕니다!

마케팅 해부실험

본질의 본질을 발견하는 6가지 소비원소

ⓒ 황성욱 2019

1판 1쇄 발행 2019년 7월 15일
1판 2쇄 발행 2019년 9월 2일

지은이 황성욱
펴낸이 황상욱

기획 황상욱 윤해승 **편집** 윤해승 이은현
디자인 최정윤 **마케팅** 최향모 이지민
제작 강신은 김동욱 임현식 **제작처** 영신사

펴낸곳 (주)휴먼큐브
출판등록 2015년 7월 24일 제406-2015-000096호
주소 10881 경기도 파주시 회동길 455-3 3층

문의전화 031-8071-8685(편집) 031-8071-8670(마케팅) 031-8071-8672(팩스)
전자우편 forviya@munhak.com
ISBN 979-11-88874-37-8 03320

트위터 @humancube44 **페이스북** fb.com/humancube44